Monitor de tiempo libre

Editado por:
EDITORIAL FAE, S.L.U.
Correo electrónico: editorial@editorialfae.com

Monitor de tiempo libre
Elsa Rubio Dulce

1ª Edición

ISBN: 978-84-1135-370-0

Impreso en España

Índice

U. A. 1. Fundamentos básicos de la actividad del/de la monitor/a

U. A. 2. La psicología y su importancia para la actividad educativa del/de la monitor/a

U. A. 3. Contexto sociológico de la actividad educativa del/de la monitor/a

Introducción

Objetivos

1. Sociología de la educación y sociología del tiempo libre o de ocio
2. El entorno comunitario y sus variables territorial-ambientales, sociales y económico-productivas
3. Significación de participación para las actividades que desarrolla el/la monitor/a

RESUMEN

GLOSARIO

EJERCICIOS DE AUTOEVALUACIÓN

U. A. 4. El proceso docente educativo

Introducción

Objetivos

1. Tiempo y espacio de comedor
2. La escuela y los actores del proceso docente educativo
3. La escuela como institución educativa
4. Labor educativa de la escuela
5. Actores del proceso docente educativo
6. El/la alumno/a y el grupo escolar
7. El/la alumno/a como parte activa del proceso docente educativo
8. El grupo escolar y la relación con el/la monitor/a de comedor y tiempo libre
9. El comedor escolar y el servicio de comedor
10. Alimentación social colectiva y empresas de catering escolar
11. Funcionamiento de la restauración escolar
12. Alimentación y nutrición infantil saludables
13. Propiedades nutricionales de los alimentos, energía y nutrientes
14. El menú escolar y la dietética

15. Higiene y manipulación segura de los alimentos

RESUMEN

GLOSARIO

EJERCICIOS DE AUTOEVALUACIÓN

U. A. 5. Tiempo libre escolar y el equipo de monitores/as

Introducción

Objetivos

1. El tiempo libre o de ocio y el tiempo libre escolar

2. Tiempo libre o de ocio y su relación con el tiempo libre escolar

3. Actividades relacionadas con tiempo libre o de ocio

4. Potencialidades del tiempo libre escolar como espacio educativo

5. Turismo escolar

6. El turismo y el turista

7. Turismo escolar. Interpretación del patrimonio ambiental como base del turismo escolar

8. La pedagogía del ocio y los recursos para el tiempo libre

9. Pedagogía del ocio

10. Recursos y actividades para el tiempo libre

11. El/la monitor/a y la gestión educativa de las actividades de comedor y tiempo libre

12. El/la monitor/a de comedor y tiempo libre escolar

13. Gestión educativa de las actividades de comedor y tiempo libre

14. Estrategia para la formación y desarrollo de los escolares durante el tiempo de comedor y tiempo libre escolar

RESUMEN

GLOSARIO

EJERCICIOS DE AUTOEVALUACIÓN

U. A. 1. Fundamentos básicos de la actividad del/de la monitor/a

Introducción

La figura del monitor o monitora de tiempo libre desempeña un papel esencial dentro del ámbito educativo no formal, ya que contribuye activamente al desarrollo personal, social y cultural de niños, niñas y jóvenes mediante actividades lúdicas, recreativas y formativas. Esta labor exige habilidades prácticas y un profundo conocimiento de las bases pedagógicas, psicológicas y comunicacionales que sustentan toda intervención educativa.

Esta unidad aborda los fundamentos teóricos que permiten comprender el rol del monitor desde una perspectiva integral. Se parte de una revisión del enfoque pedagógico que orienta su trabajo, las principales dimensiones del proceso de enseñanza-aprendizaje, los componentes de la didáctica aplicada al tiempo libre, y se culmina con las bases psicológicas y comunicativas imprescindibles para la relación con los participantes.

Al comprender estos fundamentos, los futuros monitores podrán diseñar actividades con sentido educativo, crear entornos seguros y estimulantes, y responder de manera efectiva a las necesidades individuales y grupales de los participantes.

Objetivos

- Identificar los principios pedagógicos que fundamentan el trabajo del monitor de tiempo libre.
- Distinguir las dimensiones básicas del proceso de enseñanza-aprendizaje aplicadas a contextos educativos no formales.
- Comprender los componentes esenciales de la didáctica y su vinculación con las actividades de tiempo libre.
- Reconocer las bases psicológicas y comunicacionales que influyen en la relación educativa del monitor con los participantes.

1. Enfoque pedagógico de la actividad educativa del/de la monitor/a

La acción del monitor o monitora de tiempo libre no se limita a entretener o supervisar, sino que tiene un marcado carácter educativo, aun desarrollándose fuera del aula tradicional.

Fig. 1. Es fundamental adoptar un enfoque pedagógico que guíe todas las intervenciones, permitiendo convertir cada actividad en una oportunidad de aprendizaje, desarrollo y convivencia

Un enfoque pedagógico es una forma de entender y orientar el proceso educativo. Implica asumir que toda acción del monitor tiene un impacto en el desarrollo personal y social de los participantes, y que, por tanto, debe responder a intenciones educativas claras y estar basada en principios formativos coherentes.

En el contexto del tiempo libre, este enfoque debe ser:

- **Participativo**, promoviendo la implicación activa del grupo.
- **Lúdico**, utilizando el juego como herramienta de desarrollo.
- **Inclusivo**, respetando la diversidad y promoviendo la igualdad.
- **Flexible**, adaptándose a las circunstancias y necesidades del grupo.
- **Crítico y reflexivo**, fomentando la autonomía y el pensamiento propio.

Anotación

Aunque el trabajo del equipo de monitores suele desarrollarse en contextos informales (colonias, actividades extraescolares, campamentos, etc.), no está exento de intencionalidad educativa. Cada actividad debe planificarse teniendo en cuenta su valor formativo.

La finalidad educativa del monitor o monitora de tiempo libre no consiste en transmitir contenidos académicos, sino en:

- Favorecer la socialización y la convivencia.
- Estimular el desarrollo integral de la persona (emocional, cognitivo, físico y social).
- Promover valores positivos, como la cooperación, el respeto, la responsabilidad y la solidaridad.
- Ofrecer experiencias enriquecedoras en contacto con la naturaleza, el arte, la cultura o el deporte.

Ejemplo

En una actividad de "búsqueda del tesoro", además del componente lúdico, el monitor/a puede trabajar habilidades como la resolución de problemas, el trabajo en equipo, la toma de decisiones compartidas y la organización del grupo.

Fig. 2. La pedagogía del ocio es una corriente educativa que valora el tiempo libre como un espacio de aprendizaje no formal, en el que las personas desarrollan su identidad, creatividad y competencias sociales fuera de los entornos académicos

En el campo del tiempo libre, no se aplica un único modelo pedagógico, pero sí es habitual integrar enfoques como:

- **Pedagogía activa**: se basa en el "aprender haciendo" y en el protagonismo del participante.
- **Educación en valores**: busca el desarrollo ético y cívico del individuo.
- **Constructivismo**: considera que el conocimiento se construye a partir de la experiencia significativa.
- **Pedagogía del ocio**: considera el tiempo libre como un ámbito esencial para el desarrollo humano.

2. Educación y pedagogía

Para comprender el papel educativo del monitor de tiempo libre, es fundamental diferenciar y relacionar los conceptos de **educación** y **pedagogía**, ya que ambos constituyen la base sobre la que se fundamenta toda intervención formativa, también en contextos no formales.

A. Educación: un proceso integral

La educación es un proceso continuo y global que impulsa el desarrollo integral de las personas, ayudándolas a adquirir conocimientos, valores, habilidades y actitudes para desenvolverse en la sociedad.

No se limita al ámbito escolar: ocurre en todos los espacios de la vida, incluyendo el hogar, la calle, el juego y, por supuesto, el tiempo libre.

Educación: Proceso permanente mediante el cual las personas desarrollan capacidades físicas, intelectuales, sociales y éticas, mediante la interacción con su entorno y con otros.

Hay diferentes tipos de educación:

- **Formal**: estructurada y regulada (como la escuela).
- **No formal**: organizada, pero sin carácter reglado (como actividades de tiempo libre).
- **Informal**: espontánea, derivada de la vida diaria (como aprender valores en familia).

Una excursión organizada por el monitor puede ser una actividad de educación no formal, en la que los participantes aprenden a respetar la naturaleza, cooperar con el grupo y gestionar su tiempo de forma autónoma.

B. Pedagogía: ciencia y arte de educar

La pedagogía es la disciplina que estudia la educación y orienta la práctica educativa. Analiza cómo aprenden las personas, cuáles son los mejores métodos para enseñar y cómo influye el contexto en el proceso formativo.

Pedagogía: Ciencia que estudia la educación para proponer estrategias, métodos y recursos que faciliten el aprendizaje y el desarrollo humano.

La pedagogía aporta a los monitores herramientas para:

- Comprender mejor a los participantes.
- Diseñar actividades significativas y adaptadas.
- Aplicar métodos lúdicos y activos de aprendizaje.
- Evaluar el progreso de forma formativa y continua.

Fig. 3. Aunque el monitor no sea un pedagogo profesional, debe actuar con criterio pedagógico, es decir, planificando sus intervenciones con sentido educativo y atendiendo al desarrollo del grupo y de cada persona

A continuación, se expone una comparativa de educación vs. pedagogía:

Concepto	Educación	Pedagogía
¿Qué es?	Proceso de desarrollo y aprendizaje humano	Ciencia que estudia y guía ese proceso educativo
¿Dónde ocurre?	En todos los contextos (formal, no formal, informal)	En el análisis, diseño y evaluación de procesos educativos
¿Quién la aplica?	Todas las personas, en diferentes roles	Profesionales de la educación o personas formadas en pedagogía
¿Qué aporta al monitor?	Sentido educativo a sus actividades	Herramientas para planificar y mejorar su intervención

Fig. 4. Cada juego, dinámica o excursión tiene un potencial educativo si se planifica desde una intención pedagógica

3. Dimensiones del proceso de enseñanza aprendizaje

El proceso de enseñanza-aprendizaje es una relación dinámica, intencionada y recíproca entre quien enseña (educador, monitor) y quien aprende (participante, alumnado), mediada por una actividad formativa concreta. Este proceso no ocurre solo en el aula formal, sino también en los espacios de tiempo libre, donde se dan oportunidades educativas significativas.

Para comprenderlo y gestionarlo adecuadamente, es útil analizar sus principales dimensiones, que permiten diseñar actividades coherentes y ajustadas a los objetivos formativos del monitor.

A. Dimensión personal

Esta dimensión se refiere al desarrollo integral de cada participante.

En el contexto del tiempo libre, el aprendizaje no se limita a adquirir conocimientos, sino que involucra:

* La identidad personal (quién soy).
* La autoestima y la autonomía.
* La afectividad y las emociones.
* El proyecto vital y los intereses.

Un taller de creatividad en grupo favorece la expresión emocional y la confianza en sí mismos, ayudando a los participantes a construir su identidad.

B. Dimensión social

Todo aprendizaje se produce en relación con otras personas.

Esta dimensión incluye:

* La interacción y cooperación entre iguales.
* El respeto por la diversidad.
* La resolución pacífica de conflictos.
* La participación activa en el grupo.

Fig. 5. Las actividades en el tiempo libre permiten practicar valores como la tolerancia, la empatía o la solidaridad, generando una cultura de convivencia

C. Dimensión cognitiva

Hace referencia al desarrollo del pensamiento y la adquisición de conocimientos, habilidades y estrategias mentales.

En el ámbito del tiempo libre, se estimula mediante:

- Juegos de lógica y resolución de problemas.
- Actividades de exploración, experimentación o descubrimiento.
- Tareas que implican tomar decisiones y reflexionar.

Un juego de pistas o una búsqueda del tesoro activa procesos como la memoria, el razonamiento y la toma de decisiones, más allá del componente lúdico.

D. Dimensión expresiva y comunicativa

El aprendizaje se transmite y construye a través de múltiples formas de expresión: verbal, corporal, plástica, musical, etc. Esta dimensión es especialmente importante en el tiempo libre, donde se promueve la comunicación libre, creativa y espontánea.

- Se potencia la expresión artística.
- Se fomenta el uso del cuerpo como canal de comunicación.
- Se exploran distintos lenguajes alternativos (gestual, visual, musical...).

Saber más

La dimensión expresiva no solo se refiere al arte, sino también a la capacidad de comunicar lo que uno siente, piensa o necesita, fortaleciendo la autoestima y el vínculo social.

E. Dimensión instrumental o práctica

Esta dimensión se relaciona con el saber hacer, es decir, con la capacidad de aplicar lo aprendido en situaciones reales.

En el tiempo libre se trabaja mucho esta dimensión:

- Uso de herramientas, materiales o tecnologías.
- Realización de tareas organizativas o logísticas.
- Aplicación de normas y rutinas compartidas.

En una acampada, montar una tienda, cocinar o organizar turnos de limpieza son aprendizajes prácticos que desarrollan competencias útiles para la vida.

Por último, se expone un resumen esquemático:

Dimensión	Aspectos	Ejemplo práctico
Personal	Identidad, autoestima, autonomía	Actividad de expresión emocional o reflexión
Social	Convivencia, cooperación, respeto	Juego cooperativo o dinámica grupal
Cognitiva	Conocimiento, pensamiento crítico, toma de decisiones	Búsqueda del tesoro, *escape room* educativo
Expresiva/comunicativa	Comunicación, creatividad, lenguajes alternativos	Teatro, collage, improvisación corporal
Instrumental	Aplicación práctica, habilidades para la vida cotidiana	Tareas en campamentos, organización de eventos

Estas dimensiones no actúan por separado: toda actividad bien diseñada puede integrar varias de ellas a la vez, ofreciendo una experiencia educativa completa y enriquecedora.

4. La didáctica objeto de estudio y relación con el trabajo del/de la monitor/a

La didáctica es una rama de la pedagogía que se centra específicamente en el proceso de enseñanza-aprendizaje. Estudia los métodos, técnicas y recursos más adecuados para facilitar que las personas aprendan en diferentes contextos, incluidos los espacios de tiempo libre.

Fig. 6. En el caso del monitor o monitora, conocer y aplicar principios didácticos es clave para transformar actividades lúdicas en experiencias educativas reales

Didáctica: disciplina pedagógica que analiza y organiza los elementos del proceso educativo con el objetivo de lograr un aprendizaje significativo.

La didáctica no se limita a enseñar conocimientos teóricos; también incluye el desarrollo de actitudes, habilidades y valores, algo fundamental en las actividades de tiempo libre.

La didáctica articula cinco componentes esenciales que deben estar presentes en toda actividad educativa:

1. **Objetivos**: Qué se quiere lograr (conocimientos, actitudes, habilidades).
2. **Contenidos**: Qué se va a trabajar (temas, conceptos, valores...).
3. **Metodología**: Cómo se va a enseñar (juego, dinámicas, trabajo en equipo...).
4. **Recursos**: Qué medios o materiales se utilizarán.
5. **Evaluación**: Cómo se valorará el progreso o resultado del aprendizaje.

Ejemplo

En un taller de reciclaje:

- **Objetivo:** Fomentar el respeto al medioambiente.
- **Contenido:** Tipos de residuos y cómo clasificarlos.
- **Metodología:** Juego de clasificación por equipos.
- **Recursos:** Contenedores, carteles, residuos simulados.
- **Evaluación:** Comprobación final en forma de juego de preguntas.

El trabajo del monitor no es improvisado, aunque lo parezca desde fuera. Toda intervención debe planificarse desde una intención educativa clara, y eso requiere tomar decisiones didácticas en cada paso:

- ¿Qué objetivos se persiguen con la actividad?
- ¿Qué dinámica es más adecuada para ese grupo?
- ¿Qué materiales se necesitan?
- ¿Cómo se va a observar y valorar lo aprendido?

Anotación

Aunque la acción del monitor se dé en un contexto más flexible y lúdico que el aula escolar, requiere el mismo rigor didáctico en la planificación y adaptación de las actividades.

El uso de la didáctica por parte del monitor tiene como finalidad:

- Diseñar actividades con sentido educativo.
- Adaptar los métodos a los intereses del grupo.
- Favorecer el aprendizaje significativo desde el juego.
- Evaluar el impacto de su intervención.

Además, permite gestionar la diversidad del grupo, prever dificultades y favorecer un clima positivo de aprendizaje en cada propuesta.

Saber más

La didáctica del tiempo libre es una subespecialidad que adapta estos principios al entorno no formal, integrando el juego, la experiencia directa, el trabajo en grupo y la participación activa como ejes metodológicos.

5. Componentes del proceso de enseñanza aprendizaje o categorías de la didáctica

El proceso de enseñanza-aprendizaje está formado por varios componentes interrelacionados que constituyen las categorías esenciales de la didáctica. Estos elementos permiten al monitor estructurar y orientar su intervención educativa en cualquier entorno, especialmente en el ámbito no formal del tiempo libre.

Fig. 7. Comprender los componentes del proceso es esencial para diseñar actividades significativas, adaptadas al grupo y alineadas con una finalidad educativa

A continuación, se presentan los componentes fundamentales que deben estar presentes en cualquier situación educativa, ya sea en el aula o en una excursión al aire libre:

Componente didáctico	Descripción
Objetivos	Son las metas educativas que se pretenden alcanzar. Pueden ser de tipo cognitivo (saber), procedimental (saber hacer) o actitudinal (saber ser).
Contenidos	Son los saberes que se van a trabajar: conocimientos, habilidades, actitudes, valores o procedimientos.
Metodología	Conjunto de estrategias, dinámicas, juegos o técnicas que se aplican para facilitar el aprendizaje.
Actividades	Son las acciones concretas que desarrollan los contenidos y permiten alcanzar los objetivos.
Medios y recursos	Materiales físicos o digitales, espacios, materiales didácticos, fichas, juegos, etc.
Evaluación	Es el proceso de recogida de información para valorar si se han alcanzado los objetivos previstos y en qué medida.

Fig. 8. El monitor debe integrar estos elementos de forma coherente, ya que diseñar una actividad sin objetivos claros o sin una evaluación mínima reduce su valor educativo

Se expone un ejemplo práctico: actividad "Construcción de refugios".

- **Objetivos:** Fomentar el trabajo en equipo y la resolución de problemas.
- **Contenidos:** Técnicas básicas de orientación y construcción colaborativa.
- **Metodología:** Trabajo por equipos con roles definidos.
- **Actividad:** Construir un refugio con materiales naturales en el bosque.
- **Recursos:** Cuerdas, mantas, palos, mapas.
- **Evaluación:** Observación del grado de cooperación y reflexión grupal final.

Estos componentes no deben considerarse de forma aislada, sino como partes de un sistema integrado.

Una decisión en uno de ellos afecta al resto:

- Un cambio en los objetivos obliga a revisar las actividades.
- Una limitación de recursos puede condicionar la metodología.
- La evaluación retroalimenta todo el proceso, ayudando a mejorar futuras intervenciones.

La pedagogía moderna apuesta por una evaluación formativa, que no se limita a calificar, sino que orienta, corrige, motiva y mejora el aprendizaje continuo, algo muy útil en contextos no formales como el tiempo libre.

6. Bases psicológicas y comunicacionales de la actividad educativa del/de la monitor/a

El éxito de la acción educativa del monitor no depende solo del diseño de actividades o del uso de metodologías lúdicas, sino también de su capacidad para comprender el comportamiento humano y para comunicarse eficazmente con el grupo. De ahí que la formación del monitor deba apoyarse en conocimientos básicos de psicología evolutiva y de comunicación interpersonal.

Estas bases permiten a los monitores adaptar su intervención a las características del grupo, prevenir conflictos, fomentar relaciones positivas y promover un clima educativo saludable y motivador.

El monitor debe tener nociones fundamentales sobre el desarrollo evolutivo de las personas, especialmente de niños, niñas y adolescentes.

Esto le permite:

- Entender sus necesidades emocionales y sociales.
- Ajustar el nivel de las actividades a su capacidad cognitiva.
- Favorecer su autoestima y autonomía.
- Reconocer señales de malestar, ansiedad o aislamiento.

Fig. 9. No se trata de ser psicólogo/a, sino de aplicar principios básicos para mejorar la relación educativa y respetar los ritmos individuales del desarrollo

Las principales etapas del desarrollo son:

Etapa	Características principales
Infancia (6-11 años)	Necesidad de juego, normas claras, reconocimiento. Capacidad creciente de atención y lenguaje.
Adolescencia (12-17 años)	Búsqueda de identidad, sensibilidad a la opinión de los demás, necesidad de pertenencia y autonomía.
Juventud (18-30 años)	Consolidación de valores, búsqueda de experiencias significativas y compromiso social.

La **comunicación** es la herramienta fundamental del monitor/a para motivar, orientar, resolver conflictos y construir vínculos con el grupo. Una buena comunicación educativa implica:

- Escuchar de forma activa y empática.
- Adaptar el lenguaje al grupo (edad, contexto, nivel de comprensión).
- Usar un lenguaje corporal coherente y positivo.
- Favorecer la expresión libre y el respeto entre participantes.
- Dar instrucciones claras y motivadoras.

Cuando un monitor o monitora grita para mantener el orden, puede lograr que los participantes obedezcan, pero a cambio debilita el vínculo con ellos. En cambio, comunicarse con firmeza, claridad y respeto construye una autoridad sana y genera confianza.

Algunas herramientas básicas de comunicación educativa son:

- **Mensajes en primera persona**: "Yo me siento..." en lugar de "Tú siempre...".
- *Feedback* **positivo**: reforzar conductas adecuadas.
- **Preguntas abiertas**: fomentan la participación.
- **Reformulación**: ayuda a aclarar y mostrar escucha.
- **Técnicas no verbales**: mirada, sonrisa, postura.

La comunicación no violenta (CNV), desarrollada por Marshall Rosenberg, es un enfoque muy útil para el trabajo con grupos. Se basa en expresar lo que uno siente y necesita sin juzgar al otro.

Estos tres elementos están interconectados. El monitor actúa sobre la realidad emocional, relacional y cognitiva de las personas a través de una comunicación educativa consciente. La forma en que se comunica influye directamente en cómo se sienten y aprenden los participantes.

Resumen

La figura del monitor o monitora de tiempo libre cumple una función educativa esencial, especialmente en contextos no formales como campamentos, actividades extraescolares o espacios de ocio. Su intervención no se limita a entretener, sino que tiene una intencionalidad pedagógica clara, ya que busca contribuir al desarrollo integral de las personas mediante experiencias lúdicas, cooperativas y participativas.

Para ello, el monitor necesita una base teórica sólida que combine pedagogía, didáctica, psicología y habilidades comunicativas.

En primer lugar, es imprescindible adoptar un enfoque pedagógico que dé sentido a la acción del monitor. Esto implica entender el tiempo libre como un espacio educativo, en el que se promueven valores, autonomía, convivencia y desarrollo personal. Este enfoque debe ser participativo, inclusivo, lúdico, crítico y flexible, permitiendo que cada actividad se convierta en una oportunidad de aprendizaje vivencial y significativa.

Para ejercer su labor, el monitor debe comprender la relación entre educación y pedagogía. La educación es un proceso global que abarca el desarrollo físico, emocional, social e intelectual de la persona, mientras que la pedagogía es la ciencia que estudia ese proceso y orienta su práctica. En este sentido, el monitor se convierte en agente educativo al aplicar criterios pedagógicos en cada actividad que organiza, aunque no actúe en un aula formal.

El proceso de enseñanza-aprendizaje es una interacción activa entre quien enseña y quien aprende, y puede analizarse a través de distintas dimensiones: la dimensión personal (autonomía, autoestima), la social (relaciones con los demás), la cognitiva (conocimientos y habilidades), la expresiva (comunicación y creatividad) y la instrumental (saber hacer). Una actividad bien diseñada puede integrar varias de estas dimensiones a la vez, proporcionando una experiencia educativa rica y completa.

La didáctica es la disciplina que organiza todos los elementos del proceso educativo. Aporta al monitor herramientas para planificar, ejecutar y evaluar actividades que respondan a objetivos concretos. Los componentes de la didáctica (objetivos, contenidos, metodología, actividades, recursos y evaluación) deben estar presentes en toda intervención educativa. Su correcta integración garantiza que las propuestas del monitor tengan sentido pedagógico y se adapten a las características del grupo.

Por último, la labor del monitor se apoya en bases psicológicas y comunicacionales que permiten comprender el comportamiento y las necesidades evolutivas de los participantes. Conocer las etapas del desarrollo (infancia, adolescencia, juventud) ayuda a adecuar las propuestas a cada edad. Además, la comunicación efectiva, basada en la escucha activa, el lenguaje claro, el respeto y el diálogo, es importante para establecer vínculos positivos, motivar al grupo y resolver conflictos.

En conjunto, esta unidad proporciona los cimientos teóricos esenciales que todo monitor necesita para ejercer su rol con responsabilidad, criterio educativo y sensibilidad hacia el grupo. Entender estos fundamentos permitirá planificar actividades coherentes, comunicarse de forma empática y contribuir activamente al desarrollo personal y social de los participantes en el tiempo libre.

Glosario

Comunicación educativa

Proceso mediante el cual el monitor se relaciona con los participantes utilizando estrategias verbales y no verbales con intencionalidad formativa.

Contenidos

Conjunto de saberes (teóricos o prácticos) que se trabajan en una acción formativa y que responden a los objetivos planteados. Pueden incluir información, procedimientos o valores.

Didáctica

Rama de la pedagogía que se centra específicamente en el análisis del proceso de enseñanza-aprendizaje, abarcando aspectos como los objetivos, los contenidos, la metodología, los recursos y la evaluación.

Dimensiones del aprendizaje

Diferentes aspectos que intervienen en el proceso educativo: dimensión personal (autoestima, autonomía), social (convivencia), cognitiva (pensamiento), expresiva (comunicación) y práctica (habilidades para la vida).

Educación no formal

Modalidad educativa organizada pero fuera del sistema educativo reglado. Se caracteriza por su flexibilidad, su orientación práctica y su carácter voluntario.

Educación

Proceso permanente mediante el cual las personas adquieren y desarrollan conocimientos, habilidades, actitudes y valores que les permiten participar activamente en la sociedad. Abarca tanto el ámbito formal como el no formal e informal.

Escucha activa

Técnica comunicativa basada en prestar atención consciente y empática a quien habla, mostrando interés, comprensión y respeto.

Evaluación

Proceso de recogida y análisis de información para valorar el aprendizaje de los participantes y la eficacia de las actividades, con el fin de mejorar la intervención educativa.

Juego educativo

Actividad lúdica con una finalidad pedagógica, que permite desarrollar competencias, valores y conocimientos en un contexto motivador.

Metodología

Estrategias, técnicas y formas organizativas utilizadas para facilitar el aprendizaje. En el tiempo libre suele basarse en el juego, la participación y el trabajo cooperativo.

Monitor de tiempo libre

Persona responsable de planificar, dinamizar y evaluar actividades lúdico-educativas destinadas a promover el desarrollo personal y social de los participantes, especialmente en contextos no formales como campamentos, centros juveniles o comedores escolares.

Objetivos didácticos

Resultados concretos que se pretende alcanzar con una actividad educativa, ya sean de tipo cognitivo (conocimientos), procedimental (habilidades) o actitudinal (valores y actitudes).

Pedagogía

Ciencia que estudia la educación y proporciona fundamentos teóricos y prácticos para mejorar los procesos de enseñanza y aprendizaje.

Proceso de enseñanza-aprendizaje

Relación interactiva y estructurada entre quien enseña y quien aprende, con una finalidad educativa, influida por factores personales, sociales, metodológicos y ambientales.

Psicología evolutiva

Disciplina que estudia los cambios físicos, cognitivos, emocionales y sociales que experimentan las personas a lo largo de su desarrollo vital, especialmente útil para comprender a niños y adolescentes.

Ejercicios de autoevaluación

1. ¿Cuál es la finalidad principal del enfoque pedagógico en la labor del monitor de tiempo libre?

a. Lograr que los participantes memoricen contenidos escolares.

b. Promover el desarrollo integral mediante actividades lúdicas.

c. Evitar conflictos entre los niños y las familias.

d. Garantizar la disciplina en los espacios de ocio.

2. ¿Qué tipo de educación se lleva a cabo en actividades como campamentos o excursiones escolares?

a. Educación no formal.

b. Educación formal.

c. Educación informal.

d. Educación sistemática.

3. La pedagogía es:

a. La ciencia que estudia la educación y orienta la práctica educativa.

b. La capacidad de improvisar en el tiempo libre.

c. El conjunto de juegos y canciones aplicables en un campamento.

d. Una técnica para enseñar asignaturas académicas.

4. ¿Cuál de estas dimensiones del proceso de enseñanza-aprendizaje se relaciona directamente con el trabajo en equipo y la empatía?

a. Cognitiva.

b. Social.

c. Instrumental.

d. Expresiva.

5. ¿Qué dimensión fomenta el uso de recursos como el teatro o el dibujo para comunicar emociones?

a. Cognitiva.
b. Instrumental.
c. Expresiva y comunicativa.
d. Social.

6. ¿Cuál de los siguientes componentes didácticos establece las metas educativas que se quieren alcanzar?

a. Contenidos.
b. Actividades.
c. Evaluación.
d. Objetivos.

7. ¿Qué componente didáctico recoge los juegos, dinámicas o ejercicios concretos que se desarrollan con los participantes?

a. Recursos.
b. Actividades.
c. Evaluación.
d. Contenidos.

8. ¿Cuál es una función clave de la evaluación en el proceso educativo del monitor?

a. Reforzar la autoridad del monitor.
b. Medir el tiempo de participación.
c. Comprobar si se han alcanzado los objetivos educativos.
d. Repetir las actividades sin cambios.

9. **¿Cuál de estas etapas se caracteriza por la búsqueda de identidad y sensibilidad a la opinión de los demás?**

   a. Infancia.
   b. Adolescencia.
   c. Juventud.
   d. Primera infancia.

10. **¿Qué tipo de comunicación debe priorizar el monitor en su trabajo con grupos?**

   a. Directiva y correctiva.
   b. Técnica y formal.
   c. Exclusivamente verbal.
   d. Clara, empática y adaptada al grupo.

U. A. 2. La psicología y su importancia para la actividad educativa del/de la monitor/a

Introducción

La labor educativa del monitor o monitora de tiempo libre no puede entenderse sin una comprensión básica de la psicología del desarrollo y del aprendizaje. Esta disciplina proporciona las herramientas necesarias para entender cómo piensan, sienten y se comportan los niños y niñas en las distintas etapas de su crecimiento. Comprender estos aspectos resulta fundamental para diseñar actividades adaptadas a sus necesidades, capacidades y motivaciones.

Además, la comunicación educativa es uno de los pilares del trabajo con la infancia. Saber cómo se establece el vínculo comunicativo, cómo se produce la influencia educativa y cómo gestionar la interacción en diferentes contextos (juego, actividades dirigidas, conflictos, etc.) permite mejorar tanto los resultados como el ambiente de las actividades.

Esta unidad profundiza en dos ejes: el desarrollo del aprendizaje y el comportamiento infantil, y la comunicación educativa como herramienta fundamental del monitor. Desde una perspectiva aplicada, se busca que el alumnado reconozca las características evolutivas de los niños y niñas, sepa detectar posibles dificultades y desarrolle habilidades comunicativas eficaces y empáticas.

Objetivos

- Comprender las principales características del desarrollo del aprendizaje en las distintas etapas infantiles y su influencia en el comportamiento.
- Identificar los factores que afectan al comportamiento escolar de los niños y niñas y cómo gestionarlos desde el rol del monitor/a.
- Valorar la importancia de la comunicación educativa como elemento clave en la relación monitor/a–grupo infantil.
- Aplicar estrategias comunicativas adecuadas en el contexto de actividades de tiempo libre y comedor escolar.

1. El desarrollo del aprendizaje y el comportamiento escolar de los/as niños/as

El desarrollo infantil no es uniforme, sino que varía según la edad, el entorno y las capacidades individuales. Como monitores, es esencial reconocer las principales etapas y sus características para adaptar las actividades y el acompañamiento educativo.

Etapa	Rango de edad	Características principales
Primera infancia	0-3 años	Desarrollo motor, lenguaje incipiente, fuerte vínculo afectivo con el adulto.
Edad preescolar	3-6 años	Juego simbólico, lenguaje más elaborado, egocentrismo cognitivo, necesidad de rutinas.
Edad escolar inicial	6-9 años	Mayor autonomía, pensamiento concreto, sentido creciente de la norma y la cooperación.
Edad escolar media	9-12 años	Desarrollo del pensamiento lógico, aumento del interés social y capacidad para el trabajo en grupo.
Adolescencia temprana	12-14 años	Búsqueda de identidad, pensamiento más abstracto, mayor cuestionamiento de la autoridad.

 **Anotación**

Aunque esta clasificación es orientativa, es importante observar cada caso individualmente.

Fig. 1. La madurez emocional, social o cognitiva puede variar incluso entre niños de la misma edad

El aprendizaje no es solo la adquisición de conocimientos, sino un proceso que involucra emociones, motivaciones, relaciones y experiencias previas. A su vez, el comportamiento escolar está influido por cómo el niño se adapta al entorno educativo.

Los principales factores que afectan al aprendizaje son:

- **Motivación**: el interés y el deseo de participar.
- **Autoestima**: confianza en sus propias capacidades.
- **Relación con adultos y compañeros.**
- **Estilo de aprendizaje**: visual, auditivo, kinestésico.
- **Condiciones externas**: alimentación, descanso, entorno familiar.

Ejemplo

Un niño que no ha desayunado bien o no ha dormido suficiente puede mostrarse irritable y distraído en las actividades, lo que influye tanto en su comportamiento como en su capacidad de aprendizaje.

El monitor o monitora actúa como modelo de referencia y como figura que puede reforzar el aprendizaje a través del juego, la interacción y la observación activa.

Algunas funciones son:

- Detectar cambios o dificultades en el comportamiento.
- Favorecer la integración grupal y el respeto mutuo.
- Proponer actividades adaptadas a los ritmos de desarrollo.
- Establecer límites claros y afectivos para la convivencia.
- Reforzar positivamente los logros y esfuerzos.

Fig. 2. El refuerzo positivo (felicitar, elogiar o premiar un comportamiento deseado) es mucho más eficaz que el castigo: ayuda a consolidar aprendizajes y mejora la autoestima

No todos los niños y niñas aprenden del mismo modo ni con el mismo ritmo. Algunos pueden presentar **necesidades educativas especiales (NEE)** o simplemente requerir apoyos puntuales por situaciones familiares, emocionales o sociales.

Como monitores, no corresponde realizar diagnósticos, pero sí observar con atención:

- Dificultades persistentes en la concentración o la relación con el grupo.
- Reacciones desproporcionadas o fuera de contexto.
- Necesidad constante de aprobación o aislamiento reiterado.

Fig. 3. Ante la sospecha de dificultades graves de aprendizaje o comportamiento, debe comunicarse a los responsables educativos o al equipo docente, nunca actuar por cuenta propia

2. Significación de la comunicación educativa para las actividades que desarrolla el/la monitor/a

La **comunicación educativa** es el proceso mediante el cual se transmite información, valores, normas y conocimientos con una finalidad formativa. En el ámbito del tiempo libre, esta comunicación es bidireccional, afectiva y dinámica, y no se limita al lenguaje verbal.

La comunicación educativa incluye:

- **Lenguaje verbal**: lo que se dice (palabras, tono, claridad).
- **Lenguaje no verbal**: gestos, posturas, expresiones faciales, contacto visual.
- **Actitud comunicativa**: escucha activa, empatía, respeto, coherencia.

Fig. 4. En el contexto educativo, no basta con "hablar bien", también es necesario escuchar con atención y observar cómo se comunica el grupo

La comunicación del monitor cumple múltiples funciones esenciales:

Función	Descripción
Informativa	Transmite instrucciones claras, normas, horarios, dinámicas, etc.
Formativa	Refuerza aprendizajes, valores y hábitos (cooperación, higiene, alimentación).
Relacional	Construye vínculos positivos con los niños/as y entre ellos.
Motivadora	Estimula la participación y el interés por las actividades.
Correctiva y orientadora	Ayuda a reconducir conductas inadecuadas de manera positiva.
Afectiva	Genera confianza, seguridad y clima emocional favorable.

Si un monitor dice "¡Recoge eso ahora mismo!" con tono agresivo, puede generar rechazo. Pero si expresa "Vamos a dejar esto recogido entre todos para poder jugar después", está usando una comunicación positiva, persuasiva y educativa.

Para lograr una comunicación educativa efectiva, el monitor debe desarrollar ciertas habilidades:

- **Escucha activa**: prestar atención a lo que dicen y cómo lo dicen los niños.
- **Claridad y sencillez**: usar un lenguaje comprensible, adaptado a la edad.
- **Empatía**: ponerse en el lugar del otro para comprender su estado emocional.
- **Asertividad**: expresar opiniones y normas sin agresividad ni pasividad.
- **Coherencia**: alinear lo que se dice con lo que se hace.

La comunicación educativa no se limita a las explicaciones, sino que aparece a lo largo de toda la jornada:

Momento	Objetivo comunicativo
Antes de la actividad	Explicar el objetivo, normas y motivar al grupo.
Durante la actividad	Observar, animar, reconducir conductas y facilitar la participación.
Después de la actividad	Fomentar la reflexión, valorar el resultado y recoger opiniones.

Existen técnicas como el "círculo de palabras" o la "lluvia de ideas" que fomentan la participación comunicativa del grupo infantil, permitiendo que expresen emociones, ideas o propuestas.

Los conflictos en grupos infantiles son frecuentes y forman parte del aprendizaje. El rol del monitor es importante para intervenir de forma educativa, utilizando la comunicación como medio de resolución:

- **No gritar ni imponer**: usar tono firme pero calmado.
- **Escuchar a ambas partes**: permitir que expresen su versión.
- **Mediar**: buscar soluciones compartidas, no culpables.

- **Reforzar el diálogo**: fomentar que hablen entre ellos con respeto.

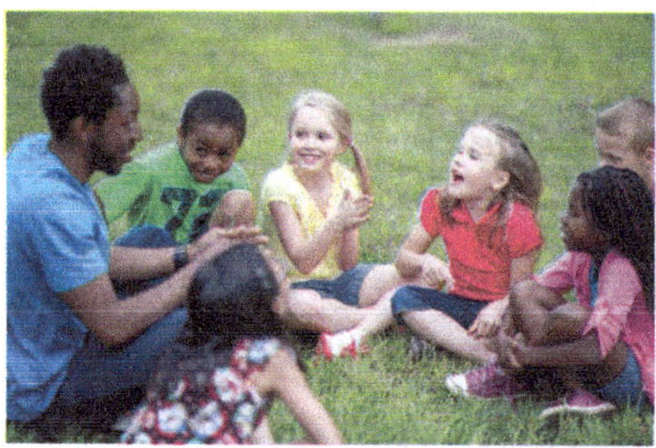

Fig. 5. La asertividad es la capacidad de expresar ideas, sentimientos y derechos de forma respetuosa, directa y honesta, sin dañar a los demás ni someterse pasivamente

 **Anotación**

El objetivo no es "ganar la discusión" ni imponer la autoridad, sino enseñar a convivir y a comunicarse mejor.

Resumen

La labor del monitor o monitora de tiempo libre no puede desligarse del conocimiento básico de la psicología infantil. Esta disciplina permite comprender cómo se desarrollan el aprendizaje, la conducta y la personalidad de los niños y niñas, lo que resulta fundamental para planificar actividades adecuadas y ofrecer un acompañamiento educativo eficaz. El desarrollo infantil se da por etapas, cada una con características cognitivas, emocionales y sociales propias. Desde la infancia temprana hasta la preadolescencia, los niños experimentan cambios significativos que afectan a su forma de aprender, de relacionarse y de integrarse en el entorno educativo.

En este contexto, es importante tener en cuenta que el aprendizaje no se limita a lo académico, sino que abarca también valores, habilidades sociales y hábitos que se adquieren a través de la experiencia. El comportamiento escolar y en las actividades de tiempo libre está condicionado por múltiples factores: motivación, autoestima, relaciones personales, condiciones familiares o incluso aspectos físicos como el descanso y la alimentación. Por ello, el monitor debe observar y adaptar su intervención para facilitar un desarrollo integral, detectando posibles dificultades y fomentando la participación activa de cada niño o niña.

Uno de los instrumentos más poderosos con los que cuenta el monitor es la comunicación educativa. Esta comunicación no se reduce a transmitir instrucciones, sino que debe ser cercana, clara, empática y coherente. El lenguaje verbal (palabras, tono) y el lenguaje no verbal (gestos, expresiones) tienen un impacto directo en la conducta infantil y en la creación de un ambiente de confianza. A través de una comunicación adecuada, el monitor puede motivar, orientar, corregir, resolver conflictos y generar un clima positivo que favorezca tanto la convivencia como el aprendizaje.

La comunicación educativa cumple diversas funciones: informar, enseñar, establecer vínculos, corregir conductas, motivar e incluso cuidar emocionalmente. Para ello, el monitor debe desarrollar habilidades como la escucha activa, la empatía, la claridad en el lenguaje y la asertividad. Además, debe adaptar su estilo comunicativo según el momento: no se comunica igual al iniciar una actividad que al concluirla, ni durante una situación de juego que en medio de un conflicto.

Por último, conviene recordar que no todos los niños tienen el mismo ritmo de aprendizaje ni las mismas capacidades. El monitor debe respetar la diversidad y estar atento a posibles señales de necesidades educativas especiales o dificultades específicas, siempre desde una perspectiva de inclusión y sin sustituir el papel de los especialistas. Su labor se centra en observar, acompañar y comunicar, favoreciendo un entorno donde cada niño o niña pueda desarrollarse en condiciones de respeto y seguridad.

Glosario

Asertividad

Capacidad para expresar pensamientos, emociones y necesidades de forma clara, directa y respetuosa, sin ser agresivo ni sumiso.

Autoestima

Valoración personal que un niño o niña hace de sí mismo. Afecta directamente a su seguridad, motivación y comportamiento.

Coherencia comunicativa

Correspondencia entre lo que se dice, se hace y se transmite. Es importante para generar confianza en el grupo infantil.

Comportamiento escolar

Conjunto de conductas que manifiesta un niño o niña en el contexto educativo. Incluye su actitud hacia el aprendizaje, la convivencia y las normas.

Comunicación educativa

Intercambio de mensajes entre monitor y participantes con fines pedagógicos. Implica no solo hablar, sino también escuchar, observar y generar un entorno formativo.

Desarrollo infantil

Proceso global de crecimiento físico, emocional, social y cognitivo que se produce desde el nacimiento hasta la adolescencia.

Diversidad

Reconocimiento de las diferencias individuales en capacidades, estilos de aprendizaje, culturas o contextos personales, valorándolas como riqueza en el grupo.

Empatía

Capacidad de ponerse en el lugar del otro para comprender lo que siente o necesita, sin juzgar ni imponer.

Escucha activa

Actitud de atención plena hacia lo que dice otra persona, mostrando interés real, sin interrumpir y ofreciendo respuestas que demuestren comprensión.

Etapas del desarrollo

Fases evolutivas de la infancia que se caracterizan por ciertos comportamientos, capacidades y necesidades, relacionadas con la edad y el entorno.

Lenguaje no verbal

Forma de comunicación sin palabras que incluye gestos, expresiones, posturas, miradas y tono de voz. A menudo transmite más que el lenguaje verbal.

Lenguaje verbal

Comunicación expresada mediante palabras habladas o escritas. Es fundamental, pero debe apoyarse con un uso adecuado del lenguaje no verbal.

Mediación

Técnica de resolución de conflictos en la que el monitor actúa como facilitador del diálogo entre las partes enfrentadas.

Motivación

Impulso que lleva a una persona a realizar una acción. En el contexto educativo, es fundamental para que el niño participe y se implique.

Necesidades educativas especiales (NEE)

Situaciones en las que un niño requiere apoyos específicos debido a dificultades físicas, cognitivas, emocionales o sociales.

Refuerzo positivo

Técnica pedagógica que consiste en premiar o elogiar conductas adecuadas para fortalecerlas y favorecer su repetición.

Ejercicios de autoevaluación

1. **¿Cuál de las siguientes opciones describe mejor la finalidad de la psicología en la actividad del monitor?**

   a. Comprender el desarrollo y comportamiento infantil para adaptar las actividades educativas.

   b. Estudiar únicamente los procesos biológicos del niño.

   c. Formular diagnósticos clínicos.

   d. Evaluar el rendimiento académico.

2. **¿Qué etapa del desarrollo infantil se caracteriza por el juego simbólico y la necesidad de rutinas?**

   a. Edad escolar media.

   b. Adolescencia temprana.

   c. Primera infancia.

   d. Edad preescolar.

3. **La autoestima influye directamente en:**

   a. El tipo de alimentación infantil.

   b. El nivel de actividad física.

   c. La motivación y el aprendizaje.

   d. La necesidad de refuerzo negativo.

4. **¿Cuál de las siguientes habilidades NO se considera parte de la comunicación educativa?**

   a. Claridad en el lenguaje.

   b. Escucha activa.

   c. Impulsividad emocional.

   d. Asertividad.

5. ¿Qué función cumple la comunicación educativa cuando transmite normas o instrucciones?

a. Relacional.

b. Correctiva.

c. Informativa.

d. Afectiva.

6. ¿Cuál es una buena práctica comunicativa del monitor?

a. Usar el refuerzo positivo para afianzar comportamientos adecuados.

b. Corregir con gritos para dejar clara la autoridad.

c. Imponer el castigo sin explicaciones.

d. Ignorar los conflictos leves.

7. ¿Qué herramienta comunicativa fomenta la participación y expresión del grupo?

a. Sanción disciplinaria.

b. Círculo de palabras.

c. Juego libre sin supervisión.

d. Observación pasiva.

8. ¿Qué tipo de lenguaje es más importante en la relación educativa?

a. Solo el lenguaje verbal.

b. Solo el lenguaje escrito.

c. Verbal y no verbal.

d. El lenguaje técnico.

9. ¿Qué debe hacer el monitor ante sospechas de dificultades graves de aprendizaje?

    a. Informar a los padres directamente.

    b. Proponer una evaluación psicológica.

    c. Tomar decisiones sin consultar.

    d. Comunicarlo al equipo docente o responsables educativos.

10. ¿Cuál es una característica del pensamiento en niños y niñas de 9 a 12 años?

    a. Egocentrismo.

    b. Desarrollo del pensamiento lógico.

    c. Lenguaje incipiente.

    d. Pensamiento mágico.

U. A. 3. Contexto sociológico de la actividad educativa del/de la monitor/a

Introducción

El trabajo del monitor o monitora de tiempo libre no se desarrolla en un vacío social, sino dentro de contextos específicos cargados de significado cultural, económico y territorial. Por ello, esta unidad se centra en proporcionar una visión sociológica de la educación y del tiempo libre, atendiendo a los factores que condicionan e influyen en las actividades educativas fuera del aula formal.

Desde la sociología de la educación, se analiza cómo la estructura social y los procesos comunitarios inciden en el desarrollo educativo, mientras que la sociología del ocio permite comprender el papel que juega el tiempo libre como espacio de socialización, creatividad y desarrollo personal. El monitor debe conocer el entorno comunitario, con sus particularidades geográficas, sociales y productivas, para adaptar sus intervenciones a las necesidades reales del grupo con el que trabaja.

Asimismo, se reflexiona sobre la participación como valor fundamental en las actividades educativas de tiempo libre, entendida como intervención activa de los niños y niñas, y como implicación en procesos colectivos que fomenten la autonomía, el sentido de pertenencia y la ciudadanía activa.

Objetivos

- Identificar los principales aportes de la sociología de la educación y del ocio aplicables a la labor del monitor.
- Analizar las características del entorno comunitario desde una perspectiva sociológica para adaptar la intervención educativa.
- Valorar la importancia de la participación como eje transversal en las actividades de tiempo libre.
- Aplicar criterios sociológicos en el diseño de actividades educativas ajustadas a la realidad social del grupo destinatario.

1. Sociología de la educación y sociología del tiempo libre o de ocio

La **sociología de la educación** es una disciplina que estudia la interrelación entre los procesos educativos y el entorno social en el que se producen. Analiza cómo la estructura social, la cultura, las clases sociales, la familia o los medios de comunicación influyen en la educación formal e informal, y cómo la educación contribuye, a su vez, a la reproducción o transformación de la sociedad.

En el caso del monitor de tiempo libre, esta disciplina permite comprender que la acción educativa no se limita al aula, sino que también se da en otros espacios como parques, comedores escolares, campamentos o ludotecas.

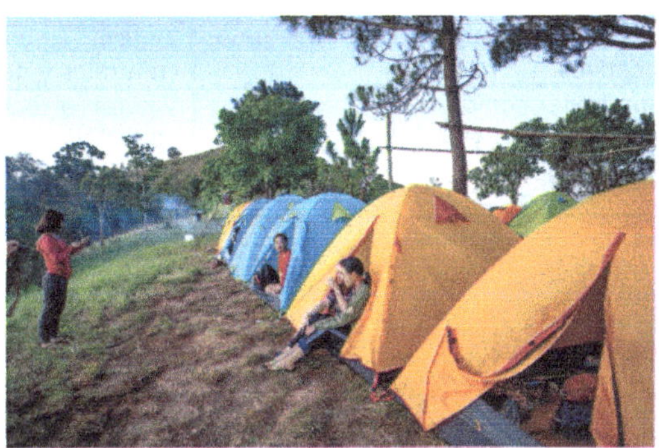

Fig. 1. Los distintos espacios también están atravesados por dinámicas sociales, valores, normas y relaciones de poder que deben tenerse en cuenta para lograr una intervención educativa efectiva y transformadora

Por su parte, la sociología del tiempo libre o del ocio se ocupa de analizar cómo las personas utilizan su tiempo no laboral y qué significados sociales tiene el ocio en diferentes contextos culturales, económicos y generacionales. Este enfoque permite valorar el tiempo libre como un espacio de socialización, desarrollo personal, expresión cultural y participación ciudadana.

El monitor, desde esta perspectiva, no se limita a organizar actividades recreativas, sino que actúa como agente de intervención social y educativa en el tiempo libre, promoviendo aprendizajes significativos, la inclusión, el pensamiento crítico, la igualdad y el desarrollo integral de la persona.

Anotación

Entender el tiempo libre como un derecho social y un ámbito de desarrollo personal convierte la figura del monitor en un facilitador de experiencias enriquecedoras que favorecen la cohesión social.

Algunas diferencias y puntos en común son:

Aspecto	Sociología de la educación	Sociología del tiempo libre
Objeto de estudio	La educación como fenómeno social.	El ocio y tiempo libre como prácticas sociales.
Enfoque	Analiza estructuras y procesos educativos.	Analiza usos del tiempo, prácticas culturales y de ocio.
Relevancia para el monitor	Comprender cómo educa la sociedad y cómo actúa el monitor en ese marco.	Valorar el ocio como herramienta educativa y social.
Espacios analizados	Escuela, familia, comunidad, medios.	Calles, plazas, centros culturales, campamentos, redes sociales.

Ejemplo

En una colonia urbana, un grupo de niños de entornos socioeconómicos diversos participa en una actividad artística. La sociología de la educación ayuda al monitor a entender las diferencias en su acceso a referentes culturales, mientras que la sociología del ocio le permite usar la actividad como espacio de expresión personal y creación colectiva que favorece la igualdad.

2. El entorno comunitario y sus variables territorial-ambientales, sociales y económico-productivas

El **entorno comunitario** es el conjunto de factores físicos, sociales, culturales y económicos que configuran el espacio donde se desarrollan las actividades de la comunidad.

Fig. 2. Para el monitor de tiempo libre, conocer y analizar el entorno es fundamental, ya que sus características influyen directamente en los intereses, necesidades y posibilidades educativas de los grupos con los que trabaja

La intervención educativa debe adaptarse al contexto real de cada comunidad, lo que implica atender a tres tipos de variables principales:

A. Variables territorial-ambientales

Estas variables hacen referencia a las **condiciones geográficas y ambientales** del entorno. Incluyen aspectos como el clima, la ubicación rural o urbana, el acceso a espacios naturales o infraestructuras recreativas, la calidad del aire o la existencia de zonas verdes.

Fig. 3. Un entorno urbano con alta densidad de tráfico puede limitar las actividades al aire libre, mientras que un entorno rural ofrece posibilidades distintas, como el contacto con la naturaleza o la vida comunitaria más cohesionada

B. Variables sociales

Estas variables engloban elementos como el nivel de cohesión vecinal, la diversidad cultural, los estilos de vida predominantes, el grado de participación ciudadana o la existencia de problemas sociales (conflictividad, desempleo, desigualdad, etc.).

La composición social del entorno puede condicionar la accesibilidad, participación y motivación en las actividades de ocio educativo. Por ello, el monitor debe diseñar actividades que fomenten la inclusión, la equidad y el respeto a la diversidad.

C. Variables económico-productivas

Se refieren a la estructura económica local, los niveles de renta, el empleo, el tipo de industria o servicios predominantes y la disponibilidad de recursos. Estas condiciones afectan directamente al acceso de niños y jóvenes a actividades de ocio, tanto en términos materiales (recursos, transporte, inscripción) como simbólicos (intereses, expectativas).

Ejemplo

En un barrio obrero con alto desempleo, puede que las familias no puedan costear campamentos o actividades extraescolares. El monitor puede, en este caso, colaborar con asociaciones vecinales o entidades públicas para organizar actividades gratuitas que fomenten la participación y reduzcan desigualdades.

Se expone un esquema resumen de estas variables:

Tipo de variable	Elementos principales	Implicaciones para el monitor
Territorial-ambientales	Clima, urbanismo, zonas verdes, accesibilidad, seguridad del entorno	Selección de espacios y adaptación de actividades a las condiciones físicas
Sociales	Diversidad, cohesión, participación, estilos de vida, valores, problemáticas sociales	Diseño de actividades inclusivas y socialmente contextualizadas
Económico-productivas	Empleo, nivel de ingresos, sectores productivos, infraestructura cultural y educativa	Evaluación de barreras económicas y búsqueda de recursos accesibles

Una monitora trabaja en un centro de actividades en un municipio costero con fuerte presencia de inmigración agrícola. Decide desarrollar un proyecto intercultural con juegos tradicionales de diferentes países representados en el grupo, aprovechando un parque local. Así, integra lo territorial (espacio abierto), lo social (diversidad) y lo económico (actividad sin coste para las familias).

3. Significación de participación para las actividades que desarrolla el/la monitor/a

La **participación** es un concepto central en la acción educativa del monitor o monitora de tiempo libre. No se trata únicamente de que los participantes estén presentes en una actividad, sino de que intervengan activamente en su desarrollo, tomen decisiones, compartan responsabilidades y construyan colectivamente el proceso educativo.

Fig. 4. Promover la participación implica reconocer a los niños, niñas y jóvenes como protagonistas de su propio aprendizaje y desarrollo, no como simples receptores de propuestas

Este enfoque transforma las actividades en espacios de empoderamiento, cooperación y ciudadanía activa.

Existen distintos niveles de participación, que pueden representarse como una escala de implicación progresiva:

Nivel	Descripción
Participación pasiva	El participante se limita a seguir instrucciones sin intervenir activamente.
Participación consultiva	Se recogen opiniones, pero las decisiones finales las toma el monitor.
Participación activa	El grupo interviene en el diseño y ejecución de las actividades.
Participación compartida	Se toman decisiones de manera conjunta entre monitores y participantes.
Autogestión	El grupo diseña, ejecuta y evalúa las actividades por sí mismo.

Anotación

No todas las actividades deben llevar al máximo nivel de autogestión, pero el objetivo del monitor es favorecer un tránsito progresivo hacia formas más activas y corresponsables de participación.

Fomentar la participación tiene efectos muy positivos:

- Aumenta la motivación y el interés por las actividades.
- Mejora la autoestima y autonomía personal.

- Desarrolla habilidades sociales y de trabajo en equipo.
- Fomenta el sentido de pertenencia al grupo y a la comunidad.
- Enseña a tomar decisiones y asumir responsabilidades.
- Potencia valores democráticos como el respeto, la escucha y el diálogo.

En lugar de proponer directamente un juego, un monitor invita al grupo a debatir entre tres opciones, consensuar normas y asignar roles. Esto favorece la implicación real, refuerza la toma de decisiones y fortalece el clima del grupo.

El monitor puede apoyarse en diversas estrategias participativas:

- **Asambleas de grupo** para planificar o evaluar actividades.
- **Tormentas de ideas** o votaciones para decidir juegos o dinámicas.
- **Roles rotativos** dentro de las actividades (coordinador, responsable de material, etc.).
- **Cuadernos de grupo o murales colaborativos** para registrar opiniones o acuerdos.
- **Técnicas de evaluación participativa** como dianas, semáforos o debates guiados.

La participación es un derecho recogido en la Convención sobre los Derechos del Niño (1989), que establece que los niños y niñas tienen derecho a expresar libremente su opinión en todos los asuntos que les afecten y a que esta se tenga en cuenta.

Resumen

El trabajo del monitor o monitora de tiempo libre se enmarca siempre en una realidad social determinada. La sociología de la educación analiza cómo la estructura social, la cultura o las clases sociales condicionan la educación, tanto formal como no formal, permitiendo al monitor interpretar los entornos donde interviene. Por su parte, la sociología del tiempo libre estudia el ocio como fenómeno social y cultural, reconociendo el valor educativo de las actividades de ocio y la necesidad de diseñarlas en coherencia con las características del entorno y de los participantes.

En este sentido, uno de los elementos que debe manejar el monitor es el conocimiento del entorno comunitario en el que desarrolla su actividad. Este entorno está compuesto por variables territoriales, sociales y económicas. Las variables territorial-ambientales incluyen aspectos como el clima, la localización geográfica, la existencia de espacios naturales o las condiciones de seguridad del entorno. Las variables sociales hacen referencia al nivel de cohesión, la diversidad cultural, las costumbres, los problemas sociales o el grado de participación vecinal. Por último, las variables económico-productivas se relacionan con los niveles de renta, el tipo de empleo y la estructura productiva de la zona. Estos tres tipos de variables condicionan tanto los intereses y necesidades del grupo como las posibilidades reales de acceso a actividades educativas, por lo que el monitor debe adaptar su intervención a cada contexto específico.

Finalmente, la participación se configura como un principio educativo fundamental en la labor del monitor. Fomentar la participación no significa solo invitar a los niños y jóvenes a asistir a una actividad, sino permitirles implicarse activamente en su planificación, ejecución y evaluación. Existen distintos niveles de participación, que van desde la pasiva hasta la autogestionada, y es responsabilidad del monitor facilitar el tránsito hacia formas más activas y democráticas. La participación favorece la autonomía, el sentido crítico, la pertenencia al grupo, la responsabilidad y la convivencia, además de estar reconocida como un derecho en la Convención sobre los Derechos del Niño. Para lograrlo, el monitor puede utilizar herramientas como asambleas, votaciones, designación de roles o técnicas de evaluación participativa.

Glosario

Autogestión

Nivel más alto de participación, en el que el grupo diseña, organiza y evalúa de manera autónoma las actividades, asumiendo toda la responsabilidad del proceso.

Ciudadanía activa

Actitud de implicación responsable en la vida social y comunitaria, basada en valores como la solidaridad, el respeto, el pensamiento crítico y la cooperación.

Diversidad cultural

Coexistencia de distintas culturas, etnias, lenguas, religiones y formas de vida dentro de un mismo espacio social, lo que requiere respeto y reconocimiento mutuo.

Educación no formal

Procesos de aprendizaje organizados y sistemáticos que tienen lugar fuera del sistema educativo reglado, como los desarrollados en actividades de tiempo libre, asociaciones juveniles o espacios comunitarios.

Empoderamiento

Fortalecimiento de la autonomía, autoestima y capacidad de decisión de una persona o grupo, promoviendo su protagonismo y su influencia en el entorno.

Entorno comunitario

Conjunto de condiciones físicas, sociales, culturales y económicas que caracterizan a una comunidad o territorio concreto.

Inclusión social

Proceso que garantiza la participación equitativa de todas las personas en la vida social y educativa, superando barreras de tipo económico, cultural, físico o social.

Participación activa

Forma de participación en la que los destinatarios de la actividad no solo colaboran, sino que proponen, deciden y ejecutan conjuntamente con el monitor.

Participación

Grado de implicación activa de los individuos en el diseño, desarrollo y evaluación de actividades educativas, lo que les convierte en sujetos protagonistas del proceso.

Sociología de la educación

Rama de la sociología que estudia la relación entre la educación y la sociedad, analizando cómo influyen los factores sociales en los procesos educativos y en el funcionamiento de las instituciones escolares.

Sociología del ocio

Disciplina que investiga el uso social del tiempo libre, el significado del ocio en distintas culturas y su papel como espacio de socialización, desarrollo personal y cohesión comunitaria.

Variables económico-productivas

Condiciones económicas que influyen en la vida comunitaria, como el nivel de empleo, los ingresos medios, los sectores predominantes o el acceso a recursos educativos y culturales.

Variables sociales

Aspectos relacionados con la estructura y dinámica de la comunidad, como la diversidad cultural, el nivel de participación ciudadana, los valores compartidos o la cohesión social.

Variables territorial-ambientales

Factores relacionados con el medio físico, como el clima, el tipo de urbanismo, la disponibilidad de espacios naturales o la seguridad del entorno.

Ejercicios de autoevaluación

1. ¿Qué estudia principalmente la sociología de la educación?

    a. La programación de actividades recreativas.

    b. Los juegos tradicionales en el aula.

    c. **La relación entre educación y sociedad.**

    d. El comportamiento individual del alumnado.

2. ¿Qué disciplina analiza cómo las personas usan su tiempo no laboral?

    a. Psicología del aprendizaje.

    b. **Sociología del tiempo libre.**

    c. Didáctica general.

    d. Antropología educativa.

3. ¿Qué elemento no forma parte de las variables territorial-ambientales?

    a. El urbanismo.

    b. El clima.

    c. **El nivel de renta del vecindario.**

    d. La accesibilidad al entorno.

4. ¿Qué significa fomentar la participación activa?

    a. Que el monitor dirija sin interrupciones.

    b. **Que los participantes tomen decisiones y se impliquen.**

    c. Que el grupo solo escuche al monitor.

    d. Que los participantes firmen su asistencia.

5. ¿Cuál de los siguientes es un beneficio directo de la participación?

a. Disminución de materiales necesarios.

b. **Mejora de la autoestima y autonomía.**

c. Reducción del tiempo de juego.

d. Menor necesidad de programación.

6. ¿Cuál de estas estrategias no favorece la participación?

a. Asambleas de grupo.

b. **Imposición directa de actividades.**

c. Votación de juegos.

d. Roles rotativos.

7. ¿Qué variable comunitaria incluye el nivel de empleo y el tipo de industria?

a. Territorial.

b. **Económico-productiva.**

c. Cultural.

d. Ambiental.

8. El entorno social en el que trabaja el monitor debe:

a. Ser neutral para no influir.

b. **Ser analizado para adaptar las actividades.**

c. Omitirse para no limitar la creatividad.

d. Ser igual en todos los casos.

9. **El uso del tiempo libre como espacio de socialización y ciudadanía activa se analiza desde:**

   a. La economía del ocio.
   b. La pedagogía formal.
   c. **La sociología del tiempo libre.**
   d. La psicopedagogía.

10. **Una comunidad con diversidad cultural requiere del monitor:**

   a. Propuestas homogéneas para todos.
   b. Actividades competitivas.
   c. **Propuestas inclusivas y adaptadas.**
   d. Eliminación de diferencias.

U. A. 4. El proceso docente educativo

Introducción

El proceso docente educativo constituye el núcleo de la acción pedagógica que tiene lugar en los contextos escolares y extraescolares. Para el monitor o monitora de comedor y tiempo libre, comprender dicho proceso es fundamental, ya que su labor se inserta en una realidad educativa compartida con el profesorado, las familias, el entorno comunitario y, por supuesto, los propios alumnos y alumnas.

Esta unidad aborda la estructura y componentes del proceso docente educativo, prestando especial atención al papel que juega la escuela como institución educativa, así como a los distintos actores implicados: alumnado, docentes, monitores y otros agentes. Se estudia además el contexto específico del comedor escolar, sus funciones, el servicio de restauración, los aspectos nutricionales y dietéticos que deben tenerse en cuenta, así como las condiciones higiénicas en la manipulación de alimentos.

A través de este análisis integral se ofrece al alumnado una visión clara y aplicada del entorno en el que desarrollará sus funciones, potenciando su capacidad de intervención educativa en espacios formales e informales, y asegurando que pueda desempeñar su labor con criterios pedagógicos, de seguridad, salud y bienestar infantil.

Objetivos

- Identificar los componentes y actores del proceso docente educativo, reconociendo su interacción en el contexto escolar.

- Analizar el papel del comedor escolar como espacio educativo, valorando su función en la formación de hábitos saludables.

- Distinguir los elementos nutricionales fundamentales para una alimentación infantil equilibrada y adecuada a las etapas del desarrollo.

- Aplicar principios básicos de higiene y manipulación segura de los alimentos en el contexto del comedor escolar.

1. Tiempo y espacio de comedor

El comedor escolar constituye un espacio educativo complementario dentro del entorno escolar, donde se desarrollan aprendizajes vinculados tanto a la nutrición y los hábitos alimentarios, como a la convivencia, la autonomía y la socialización. El tiempo dedicado al comedor debe entenderse como una prolongación del proyecto educativo del centro, no como un momento meramente logístico o asistencial.

En el comedor escolar, los niños y niñas no solo satisfacen sus necesidades alimenticias, sino que también:

- Aprenden normas básicas de comportamiento en la mesa.
- Se relacionan con sus iguales en un contexto diferente al aula.
- Adquieren hábitos de higiene, responsabilidad y colaboración.
- Experimentan rutinas estructuradas que promueven seguridad y orden.

El monitor o monitora de comedor tiene un papel clave para guiar, reforzar y modelar estos aprendizajes, actuando como referente adulto y generador de un clima positivo.

Fig. 1. El comedor escolar es una experiencia educativa completa que debe organizarse con criterios pedagógicos

La gestión adecuada del tiempo de comedor permite que este momento sea tranquilo, ordenado y educativo.

Para ello, es importante considerar:

Etapa	Actividades asociadas
Inicio	Formación de filas, lavado de manos, entrada al comedor.
Durante la comida	Supervisión del menú, fomento del uso correcto de cubiertos, hábitos de conversación.
Finalización	Recogida del material, limpieza personal, juegos tranquilos o paso al patio.

Los tiempos deben adaptarse a la edad del alumnado, asegurando que los más pequeños puedan realizar cada fase sin prisas ni estrés.

La organización del espacio incide directamente en la calidad del tiempo de comedor. Algunos aspectos clave son:

- **Zonificación:** delimitar áreas para comer, recoger bandejas, limpiar, etc.
- **Accesibilidad:** facilitar el desplazamiento de niños y monitores.
- **Ambiente:** iluminación adecuada, mobiliario ergonómico y decoración que promueva el bienestar.
- **Control del ruido:** evitar el exceso de estímulos auditivos que dificulten la convivencia.

En una escuela infantil, el comedor se organiza en mesas circulares de seis niños. Esto permite una mayor cercanía con el monitor, quien se sienta con ellos y guía la conversación, promoviendo hábitos adecuados y resolución de pequeños conflictos.

2. La escuela y los actores del proceso docente educativo

La escuela no es solo un espacio físico en el que se imparten contenidos curriculares, sino una **institución educativa integral** en la que confluyen múltiples agentes que contribuyen al desarrollo global del alumnado. El proceso docente educativo es el resultado de la interacción estructurada entre esos actores, sus funciones y sus relaciones mutuas.

Desde una perspectiva sociopedagógica, la escuela:

- Representa un microcosmos social donde se ensayan normas, valores y roles sociales.
- Es un espacio de transmisión de saberes, pero también de habilidades sociales, emocionales y culturales.
- Se organiza bajo principios de convivencia democrática, respeto y participación.

Por ello, el trabajo educativo no se limita al aula, sino que se extiende a espacios como el comedor, el patio, las actividades extraescolares y los programas de tiempo libre.

Fig. 2. El monitor de tiempo libre, aunque no forma parte del cuerpo docente formal, sí es un actor educativo y debe colaborar activamente en el proceso global de formación del alumnado

A continuación, se presentan los principales agentes que intervienen en el desarrollo educativo dentro del entorno escolar:

Actor educativo	Función principal
Profesorado	Planificación y desarrollo de la enseñanza formal. Evaluación. Relación con familias.
Alumnado	Participación activa en su propio proceso de aprendizaje. Interacción con iguales y adultos.
Familias	Colaboración y corresponsabilidad en la educación. Refuerzo de valores y normas.
Equipo directivo	Coordinación general del centro. Gestión pedagógica y administrativa.
Personal de apoyo	Atención a la diversidad. Refuerzo educativo y acompañamiento.
Monitores de comedor y tiempo libre	Promoción de la educación no formal. Desarrollo de habilidades sociales, hábitos saludables y ocio educativo.

Ejemplo

En un centro escolar, el profesorado detecta que un grupo de alumnos tiene dificultades de convivencia. Se coordina con el equipo de monitores para proponer dinámicas cooperativas durante el tiempo libre y el comedor, con el objetivo de mejorar la cohesión del grupo.

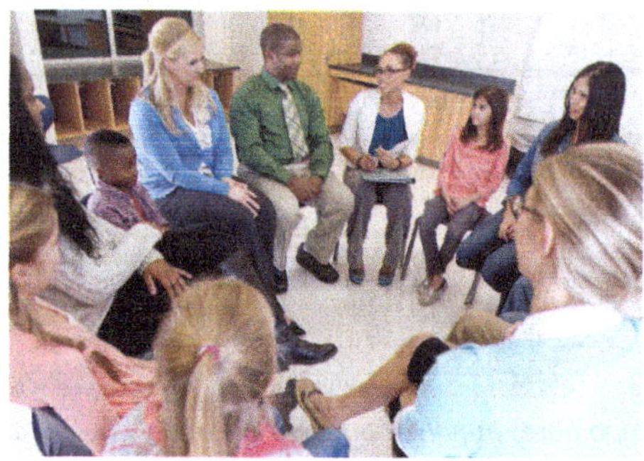

Fig. 3. La colaboración entre monitores, profesorado y familias mejora la coherencia educativa y el bienestar del alumnado

El monitor o monitora debe:

- Conocer y respetar las funciones del equipo docente.
- Coordinarse con el centro para alinear sus intervenciones educativas.

- Observar e informar de situaciones relevantes (conflictos, cambios de conducta, necesidades específicas).
- Participar activamente en la **educación transversal**: valores, normas, autonomía, salud, convivencia.

3. La escuela como institución educativa

La escuela es una **institución social y educativa organizada** que cumple funciones esenciales en el desarrollo de las personas. Su misión va más allá de la transmisión de conocimientos: se convierte en un espacio de formación integral donde se construyen valores, actitudes, normas y habilidades necesarias para la vida en sociedad.

La escuela cumple varias funciones, entre las que destacan:

- **Función instructiva:** Transmisión sistemática de conocimientos y competencias académicas.
- **Función socializadora:** Integración del individuo en la cultura y valores de su comunidad.
- **Función compensadora:** Reducción de desigualdades sociales mediante el acceso universal a la educación.
- **Función orientadora:** Acompañamiento del desarrollo personal, emocional y vocacional del alumnado.

La Ley Orgánica de Educación en España (LOMLOE) refuerza el papel de la escuela en la formación cívica, digital, emocional y medioambiental de los estudiantes, promoviendo una educación inclusiva, equitativa y de calidad.

Para cumplir estas funciones, la escuela se estructura en varios niveles:

Elemento organizativo	Función
Órganos de gobierno	Dirección, jefatura de estudios, consejo escolar. Organizan y toman decisiones.
Claustro de profesores	Equipo docente encargado de planificar, impartir y evaluar el aprendizaje.
Departamentos y ciclos	Organizan la docencia por materias o niveles.
Equipos de orientación y apoyo	Detectan necesidades y diseñan estrategias de intervención.

Fig. 4. Aunque el monitor no forma parte de estos órganos, debe comprender cómo se organiza el centro y qué canales utilizar para colaborar de forma efectiva

Una monitora detecta que un niño muestra rechazo a comer ciertos alimentos y se aísla de sus compañeros. Informa al equipo tutorial y al equipo de orientación, quienes coordinan una intervención conjunta para abordar posibles causas emocionales o familiares.

Muchos centros integran el comedor escolar y las actividades de tiempo libre dentro de su **Proyecto Educativo de Centro (PEC)**, estableciendo objetivos pedagógicos para esos espacios:

- Fomentar hábitos alimentarios saludables.
- Potenciar la autonomía y la responsabilidad del alumnado.
- Crear un entorno que refuerce la convivencia y la inclusión.
- Desarrollar propuestas lúdicas y creativas alineadas con los valores del centro.

Anotación

Conocer el Proyecto Educativo de Centro ayuda al monitor a adaptar sus intervenciones y propuestas a la línea pedagógica del colegio.

4. Labor educativa de la escuela

La labor educativa de la escuela abarca mucho más que la instrucción académica. Su objetivo es formar personas integrales, con capacidades cognitivas, emocionales, sociales y éticas. Esta dimensión educativa debe entenderse de forma **transversal y compartida**, implicando a todos los actores del entorno escolar, incluidos los monitores de comedor y tiempo libre.

La labor educativa de la escuela puede desglosarse en diversas dimensiones:

Dimensión	Descripción
Cognitiva	Desarrollo del pensamiento, razonamiento, comprensión y adquisición de saberes.
Afectiva	Fomento de la autoestima, la empatía, la gestión emocional y la seguridad personal.
Social	Aprendizaje de normas, valores, respeto a la diversidad y resolución de conflictos.
Motivacional	Promoción del interés, la curiosidad y la implicación activa del alumnado en su aprendizaje.
Ética y ciudadana	Formación en responsabilidad, justicia, participación y compromiso con la comunidad.

Fig. 5. El comedor y el tiempo libre escolar pueden reforzar especialmente las dimensiones afectiva, social y ética, al tratarse de contextos más espontáneos, flexibles y relacionales que el aula

La escuela combina dos enfoques complementarios:

- **Enseñanza formal:** Se imparte principalmente en el aula. Es sistemática, planificada y evaluada. Está orientada a contenidos curriculares.
- **Educación no formal:** Se da fuera del aula (comedor, recreos, excursiones, talleres). Tiene un alto valor educativo, especialmente para la socialización, la autonomía y la creatividad.

En el comedor, una monitora propone un juego para que el alumnado más pequeño aprenda a usar correctamente los cubiertos. Esta acción, aunque no forma parte del currículo, educa en hábitos de vida saludable y refuerza la autoestima.

Aunque el monitor no imparte contenidos curriculares, su función es educativa. Algunas acciones importantes que realiza son:

- Reforzar normas y valores del centro en momentos informales.
- Fomentar la convivencia y el respeto entre iguales.
- Detectar y comunicar necesidades del alumnado.
- Crear un clima positivo, seguro y estructurado.
- Educar mediante el ejemplo, siendo modelo de comportamiento.

Anotación

La coherencia entre lo que se enseña en el aula y lo que se refuerza en los espacios de tiempo libre aumenta la eficacia educativa y mejora el clima escolar.

5. Actores del proceso docente educativo

El proceso docente educativo no es unidireccional ni exclusivo del profesorado: se construye mediante la interacción de diversos actores educativos, cada uno con un rol específico, pero todos orientados hacia el desarrollo integral del alumnado.

Los actores que intervienen de forma directa o indirecta en el proceso docente educativo pueden agruparse en distintos niveles:

Nivel del alumnado:

- Protagonistas del proceso educativo.
- Participan activamente, recibiendo información y construyendo su aprendizaje a través de la experiencia, la interacción y la reflexión.

Nivel del profesorado:

- Son los agentes planificadores y ejecutores del proceso formal de enseñanza-aprendizaje.
- Diseñan, implementan y evalúan los contenidos curriculares.
- Establecen normas y estilos de relación que influyen profundamente en la dinámica del aula.

Nivel de las familias:

- Tienen una función educativa continua, especialmente en los primeros años de vida.

- Su implicación mejora el rendimiento escolar, el comportamiento y el bienestar emocional del alumnado.
- Deben mantenerse informadas y coordinadas con el centro.

Nivel del equipo directivo:

- Coordina la actividad del centro y toma decisiones organizativas y pedagógicas.
- Supervisa la aplicación del proyecto educativo y la convivencia escolar.
- Facilita la participación de todos los actores.

Nivel del personal de apoyo y orientación:

- Incluye especialistas en pedagogía, logopedia, atención a la diversidad, etc.
- Intervienen en casos de dificultades específicas o necesidades educativas especiales.
- Colaboran con docentes, familias y monitores en la atención individualizada.

Nivel del monitor de comedor y tiempo libre:

- Aunque no tiene funciones curriculares, actúa como educador en contextos no formales.
- Promueve aprendizajes relacionados con la convivencia, la higiene, la autonomía, la alimentación saludable y el juego cooperativo.
- Observa el comportamiento del alumnado y lo comunica a los responsables adecuados.

 **Anotación**

La implicación del monitor en el proceso educativo no es sustitutiva, sino complementaria. Aporta una mirada diferente, más cercana al ocio, a la relación espontánea y al bienestar emocional del grupo.

La colaboración entre todos los agentes es clave para ofrecer una respuesta coherente, integral y personalizada a las necesidades del alumnado. Esta colaboración se fundamenta en:

- La comunicación fluida y respetuosa.
- La coordinación de actuaciones (por ejemplo, entre el tutor y el monitor).
- El respeto a los roles y competencias de cada figura educativa.

Una monitora detecta que un alumno está retraído y evita el contacto con sus compañeros durante el comedor. Informa al tutor, quien contacta con la familia. Finalmente, el equipo de orientación propone una intervención conjunta.

6. El/la alumno/a y el grupo escolar

Dentro del proceso educativo, el alumnado no solo es receptor de contenidos, sino un agente activo que aprende en interacción con su entorno. Uno de los contextos más relevantes para este aprendizaje es el grupo escolar, entendido como un colectivo de iguales que conviven y se desarrollan juntos en la escuela y en los espacios de tiempo libre.

Cada alumno o alumna es un ser único, con sus propias características, necesidades y ritmos de aprendizaje.

Algunos principios fundamentales que deben guiar la intervención educativa son:

- **Respeto a la individualidad:** reconocer las diferencias cognitivas, emocionales, sociales y culturales.
- **Estimulación de la participación:** promover que el alumnado opine, decida, cree y actúe.
- **Acompañamiento personalizado:** observar, orientar y reforzar sin invadir.

- **Educación en valores:** fomentar actitudes de respeto, empatía y responsabilidad.

Fig. 6. El monitor debe actuar como guía y facilitador, ayudando al alumnado a desarrollar su autonomía y construir su identidad de forma positiva

El grupo escolar tiene un fuerte poder educativo, ya que:

- Sirve de espejo social donde el alumnado se reconoce y ajusta su conducta.
- Favorece el aprendizaje colaborativo, el desarrollo de habilidades sociales y el sentido de pertenencia.
- Puede generar dinámicas positivas (solidaridad, cooperación) o negativas (exclusión, conflictos), que deben ser observadas y mediadas.

La gestión adecuada del grupo es clave para crear un clima educativo saludable. Algunas estrategias básicas incluyen:

Estrategia	Aplicación práctica
Normas claras y consensuadas	Establecer y revisar normas de comportamiento con el grupo.
Refuerzo positivo	Valorar públicamente los comportamientos adecuados.
Resolución pacífica de conflictos	Usar técnicas de mediación, escucha activa y comunicación asertiva.
Dinamización del grupo	Organizar juegos, talleres o actividades que fortalezcan la cohesión.

En el comedor, un monitor observa que algunos alumnos no permiten que otros se sienten con ellos. En lugar de imponer cambios, propone una dinámica de "mesas rotativas" durante la semana. Esto favorece la inclusión y el conocimiento mutuo.

El monitor o monitora de comedor y tiempo libre tiene un rol esencial como:

- **Modelo de conducta positiva** (puntualidad, respeto, empatía).
- **Mediador de conflictos entre iguales.**
- **Dinamizador del grupo** a través de juegos, actividades, normas compartidas y liderazgo equilibrado.
- **Observador activo**, capaz de detectar tensiones, necesidades o situaciones de exclusión.

Fig. 7. Un grupo escolar sano y cohesionado favorece el aprendizaje, reduce la conflictividad y mejora el bienestar emocional del alumnado

7. El/la alumno/a como parte activa del proceso docente educativo

La concepción contemporánea de la educación reconoce que el aprendizaje es más efectivo cuando el alumno o alumna participa de forma activa en su propio proceso formativo. Esto implica pasar de una visión pasiva del alumnado, como receptor de conocimientos, a una perspectiva en la que se le considera protagonista de su desarrollo personal y social.

El rol activo del alumnado se fundamenta en los siguientes principios:

- **Autonomía:** Capacidad de tomar decisiones sobre su conducta y aprendizaje.
- **Reflexión:** Capacidad de pensar críticamente sobre lo que hace, siente y aprende.
- **Motivación intrínseca:** Deseo de aprender por interés propio, y no únicamente por recompensa externa.
- **Colaboración:** Participación en actividades grupales, construcción de conocimientos con otros.
- **Responsabilidad:** Implicación en las normas, tareas y dinámicas educativas.

Fig. 8. Fomentar la participación activa del alumnado aumenta la motivación, refuerza la autoestima y favorece aprendizajes más duraderos

El monitor o monitora puede reforzar el papel activo del alumnado mediante propuestas concretas como:

Ámbito	Ejemplos de participación activa
Comedor	Que los niños y niñas participen en la organización de las mesas, en la recogida del material o en decidir el menú de un día especial.
Tiempo libre	Proponer que el grupo elabore normas de juego, cree sus propias actividades o valore las dinámicas realizadas.
Toma de decisiones	Consultar al alumnado sobre cambios de rutinas, proponer tareas rotativas, fomentar el diálogo en asambleas.

En una actividad de tiempo libre, el monitor propone tres juegos, pero deja que el grupo elija cuál prefieren hacer. Después, los propios niños ayudan a organizar los materiales y dirigir las reglas del juego, con apoyo del adulto.

El monitor puede aplicar diversas estrategias para implicar más al alumnado:

- Asambleas escolares o de grupo.
- Dinámicas de expresión personal (dibujos, juegos de roles, dramatizaciones).
- Tareas por equipos con funciones rotativas.
- Sistemas de "delegados" o "responsables del día".
- Evaluaciones participativas (qué les ha gustado, qué mejorarían...).

Anotación

Incluir al alumnado en decisiones relacionadas con su vida escolar y su tiempo libre fortalece su sentido de pertenencia y mejora el clima educativo.

8. El grupo escolar y la relación con el/la monitor/a de comedor y tiempo libre

El grupo escolar representa una **unidad educativa fundamental** en la vida del alumnado. Dentro de él, los niños y niñas desarrollan habilidades sociales, construyen su identidad, practican la cooperación y se enfrentan a conflictos que forman parte del proceso de crecimiento. En este contexto, el monitor de comedor y tiempo libre ejerce una influencia significativa, al ser una figura educativa que acompaña al grupo en momentos informales, pero igualmente formativos.

Un grupo escolar no es solo una suma de su alumnado, sino una **estructura dinámica** con sus propias reglas, roles y relaciones.

Puede tener:

- Líderes formales e informales.
- Subgrupos o afinidades.
- Tensiones o conflictos interpersonales.
- Vínculos afectivos estables o inestables.

Fig. 9. Comprender la estructura del grupo permite al monitor prevenir conflictos, detectar exclusiones y reforzar la cohesión

La relación del monitor con el grupo debe construirse desde:

- **El respeto y la cercanía**, sin perder autoridad.
- **La escucha activa**: prestar atención a lo que expresan verbal y no verbalmente los niños.
- **La observación constante**: detectar cambios de comportamiento, liderazgos negativos o situaciones de exclusión.
- **El ejemplo**: ser un modelo de comportamiento, empatía y respeto mutuo.

El monitor debe ganarse el respeto y la confianza del grupo a través de una presencia constante, justa y afectiva, que genere un clima seguro y positivo.

En un comedor donde hay un grupo que siempre acapara los mejores sitios, el monitor plantea un sistema rotativo donde cada día cambia la organización de las mesas. Se conversa con el grupo sobre el porqué de la medida, involucrándolos en su cumplimiento.

La relación con el grupo se desarrolla, sobre todo, en espacios como:

- **El comedor escolar**, donde se puede educar en hábitos, normas y convivencia.
- **El recreo o tiempo libre**, donde se observan comportamientos espontáneos que reflejan las dinámicas del grupo.
- **Talleres o actividades lúdicas**, que permiten trabajar la inclusión, la cooperación y la creatividad.

Estos espacios ofrecen grandes oportunidades para educar en valores a través de vivencias cotidianas, lejos de la rigidez del aula.

Algunas de las claves para una relación saludable monitor - grupo son las siguientes:

Clave	Explicación
Coherencia	Actuar con justicia, cumpliendo lo que se dice y respetando las normas.
Cercanía afectiva	Mostrar empatía sin caer en la sobreprotección o permisividad.
Autoridad respetuosa	Saber poner límites de forma firme pero amable.
Participación	Incluir al grupo en decisiones y tareas.

Fig. 10. Un monitor que establece una relación de confianza y respeto mutuo con el grupo escolar puede convertirse en un referente educativo tan valioso como el profesorado

9. El comedor escolar y el servicio de comedor

El **comedor escolar** es un servicio complementario esencial en muchos centros educativos, que responde tanto a necesidades logísticas y familiares como a objetivos nutricionales, educativos y sociales. Su correcta organización y funcionamiento incide directamente en el bienestar del alumnado y en su desarrollo de hábitos saludables.

El comedor escolar cumple múltiples funciones:

- **Nutricional:** Garantiza una alimentación equilibrada durante el día.
- **Educativa:** Refuerza hábitos alimentarios, normas de convivencia y autonomía personal.
- **Social:** Favorece la interacción entre iguales en un entorno distinto al aula.
- **Familiar y comunitaria:** Facilita la conciliación laboral y la permanencia del alumnado en el centro.

Fig. 11. El comedor no debe considerarse un mero espacio de alimentación, sino un contexto educativo con valor formativo en sí mismo

Un servicio de comedor escolar bien estructurado requiere la intervención coordinada de distintos agentes:

Agente implicado	Función
Centro educativo	Organización del espacio, horarios, supervisión general.
Empresa de catering o cocina propia	Elaboración y suministro de los menús escolares.
Personal de cocina y limpieza	Manipulación segura de alimentos, mantenimiento higiénico.
Monitores de comedor	Acompañamiento educativo durante la comida y posterior tiempo libre.

La gestión puede ser interna (con cocina y personal propio) o externa (mediante empresa adjudicataria). En ambos casos, debe cumplir con la normativa vigente en materia de seguridad alimentaria, higiene, accesibilidad y calidad.

Para que cumpla su función educativa y de bienestar, el comedor debe contar con:

- Espacios amplios, limpios y ventilados.
- Mobiliario adaptado a la edad del alumnado.
- Horarios estructurados, respetando ritmos de comida.
- Normas claras y coherentes, consensuadas con el equipo docente.
- Clima tranquilo y agradable, sin gritos ni prisas.
- Menús variados y saludables, adaptados a necesidades especiales.

Un centro con alumnado con alergias alimentarias coordina con la empresa de catering menús especiales. Los monitores están formados para identificar las bandejas específicas y verificar que no haya errores en la distribución.

El monitor tiene una doble función:

1. **Educativa:** Promover normas de comportamiento, hábitos de higiene, actitudes positivas hacia la comida, relaciones respetuosas, etc.
2. **Supervisora:** Garantizar la seguridad, intervenir ante incidentes (derrames, alergias, conflictos), colaborar en la organización.

Fig. 12. La figura del monitor es clave para convertir el comedor en un espacio de formación en valores, salud y convivencia

10. Alimentación social colectiva y empresas de catering escolar

La **alimentación social colectiva** hace referencia al conjunto de servicios que proporcionan comidas a grupos de personas en entornos organizados como escuelas, hospitales, residencias o empresas. En el ámbito escolar, este servicio es esencial para garantizar una alimentación segura, equilibrada y adecuada a las necesidades del alumnado. Las empresas de catering escolar juegan un papel crucial en la planificación, elaboración y distribución de estos menús.

A. Alimentación social colectiva

Se trata de un sistema planificado de alimentación que responde a criterios de:

- **Equilibrio nutricional**, respetando las necesidades por edad, etapa de desarrollo o patologías.
- **Seguridad alimentaria**, con aplicación rigurosa de normas higiénico-sanitarias.
- **Eficiencia logística**, adaptándose a contextos donde la cocina no está en el mismo centro (catering transportado).
- **Economía de escala**, al permitir el servicio a muchos comensales desde una cocina centralizada.

Anotación

A diferencia de la alimentación doméstica, la alimentación colectiva debe ajustarse a protocolos normativos estrictos, ya que intervienen múltiples agentes y hay responsabilidad directa sobre la salud pública.

B. Empresas de catering escolar

Estas empresas son responsables de ofrecer el servicio de alimentación en los centros que no disponen de cocina propia o que externalizan el servicio.

Sus funciones incluyen:

Función	Descripción
Planificación de menús	Adaptación a recomendaciones sanitarias, valores nutricionales y preferencias culturales.
Elaboración y transporte	Cocina en instalaciones especializadas y distribución en condiciones seguras (control de temperatura, tiempos, envases...).
Atención a necesidades especiales	Menús para alergias, intolerancias, dietas religiosas, vegetarianas, etc.
Supervisión de calidad	Auditorías internas, controles sanitarios y cumplimiento de normativas.

Ejemplo

Una empresa de catering diseña menús escolares basados en los criterios de la Agencia Española de Seguridad Alimentaria y Nutrición (AESAN), asegurando que haya fruta fresca diaria, limitando fritos y ofreciendo legumbres varias veces por semana.

La coordinación entre ambos es fundamental para garantizar:

- Que los menús sean adecuados y estén bien comunicados a las familias.
- Que los monitores conozcan con antelación las dietas especiales.
- Que existan canales de comunicación para reportar incidencias, rechazos alimentarios o ajustes necesarios.

- Que se compartan criterios comunes de higiene, presentación y educación alimentaria.

Anotación

El monitor no cocina ni planifica los menús, pero debe estar informado y ser vigilante sobre su distribución correcta, sobre todo en casos de alergias o intolerancias.

11. Funcionamiento de la restauración escolar

La restauración escolar comprende el conjunto de procesos necesarios para garantizar el suministro diario de comidas en los centros educativos, cumpliendo criterios de calidad nutricional, seguridad alimentaria y eficiencia logística. Su funcionamiento depende de diversos factores, como el modelo de gestión del comedor, la existencia de cocina propia o la contratación de empresas de catering externas.

Existen dos modelos principales:

Modelo	Características
Cocina propia	El centro cuenta con cocina y personal propio. Los alimentos se elaboran y consumen en el mismo lugar. Mayor flexibilidad y adaptación.
Catering transportado	La comida se prepara en una cocina central y se transporta al centro. Se requiere control estricto de temperaturas, tiempos y envasado. Es más habitual en centros urbanos y grandes.

Ambos modelos deben cumplir la normativa higiénico-sanitaria vigente (Reglamento (CE) 852/2004 y normativa española de aplicación), incluyendo controles de trazabilidad, limpieza y formación del personal.

Fig. 13. El buen funcionamiento de la restauración escolar requiere coordinación entre el personal de cocina, monitores y dirección del centro, priorizando siempre la seguridad y el bienestar del alumnado

El funcionamiento general del servicio de restauración escolar incluye las siguientes fases:

1. **Planificación de menús:**
   o Elaboración mensual.
   o Supervisión por dietistas-nutricionistas.
   o Adaptación a edades, alergias e intolerancias.

2. **Recepción de materias primas:**
   o Verificación de calidad, temperatura y etiquetado.
   o Almacenamiento adecuado (cámaras refrigeradas, productos secos).

3. **Elaboración de comidas:**
   o Cocinado según el sistema de producción (en caliente, línea fría, etc.).
   o Aplicación del sistema APPCC (Análisis de Peligros y Puntos de Control Crítico).

4. **Transporte (si procede):**
   o En vehículos isotermos, a temperatura controlada.
   o Entrega en tiempo estimado, minimizando riesgos.

5. **Distribución en el comedor:**
   o Control de bandejas, menús especiales, horarios.

    o   Supervisión por parte de monitores y personal del centro.

6. **Retirada y limpieza:**
   - o   Recogida de restos.
   - o   Lavado de menaje.
   - o   Limpieza de superficies y mobiliario.

En un centro que recibe comida de catering, el protocolo establece que el monitor/a debe verificar que cada niño con alergia reciba su bandeja correctamente identificada y que las temperaturas de los alimentos sean adecuadas al momento de servir.

Aunque el monitor no interviene directamente en la cocina, su implicación es esencial para:

- **Supervisar la correcta distribución** de los menús.
- **Informar de irregularidades** (por ejemplo, si un plato llega frío o no coincide con el menú planificado).
- **Acompañar al alumnado** durante la comida, reforzando hábitos de higiene y alimentación saludable.
- **Registrar incidencias** relacionadas con el consumo de alimentos o reacciones adversas.

12. Alimentación y nutrición infantil saludables

Una alimentación saludable en la infancia es esencial para garantizar el correcto crecimiento físico, el desarrollo cognitivo y la prevención de enfermedades a corto y largo plazo.

Fig. 14. En el entorno escolar, el comedor se convierte en un escenario clave para fomentar hábitos alimentarios equilibrados que puedan mantenerse durante toda la vida

Una alimentación saludable en la etapa infantil debe cumplir con las siguientes características:

- **Completa:** debe incluir todos los grupos de alimentos (hidratos de carbono, proteínas, grasas, vitaminas y minerales).
- **Equilibrada:** con proporciones adecuadas entre los distintos nutrientes.
- **Suficiente:** que cubra las necesidades energéticas y nutricionales según la edad y el nivel de actividad.
- **Variada:** que combine alimentos de diferente tipo, color y textura.
- **Segura:** libre de contaminantes, alergias e intolerancias.
- **Adaptada:** a las necesidades individuales, culturales o médicas del menor.

Anotación

Los menús escolares deben estar supervisados por profesionales en dietética y nutrición, y alinearse con las recomendaciones de organismos como AESAN o la OMS.

Según la **Agencia Española de Seguridad Alimentaria y Nutrición (AESAN)**, las principales pautas para una alimentación escolar saludable son:

Recomendación	Frecuencia
Verduras y hortalizas	Diarias
Fruta fresca	Diaria
Legumbres	2-4 veces/semana
Pescado	2-3 veces/semana
Carne magra	2-3 veces/semana
Productos integrales (pan, arroz, pasta)	Preferentemente
Agua como bebida principal	Siempre disponible
Reducción de azúcares, fritos y procesados	Ocasional

Ejemplo

Un menú escolar semanal podría incluir: lunes lentejas con arroz, martes pescado al horno con ensalada, miércoles arroz integral con verduras, jueves pollo a la plancha con puré de patata y viernes tortilla con ensalada.

El monitor o monitora de comedor no elabora el menú, pero sí tiene un papel educativo y de refuerzo diario de los buenos hábitos alimentarios:

- Fomentar que el alumnado pruebe nuevos alimentos, sin obligar ni castigar.
- Evitar comentarios negativos sobre la comida.
- Enseñar normas básicas: masticar bien, no hablar con la boca llena, no desperdiciar alimentos.
- Observar si hay rechazos persistentes o patrones preocupantes de alimentación.
- Servir de modelo con su comportamiento y actitudes durante el comedor.

Anotación

La relación emocional con la comida comienza en la infancia. Un monitor que promueve una alimentación saludable con empatía y sin imposiciones contribuye a formar personas con una actitud positiva hacia su salud.

13. Propiedades nutricionales de los alimentos, energía y nutrientes

Comprender las propiedades nutricionales de los alimentos es fundamental para promover una alimentación equilibrada, especialmente durante la infancia. Cada alimento aporta distintos nutrientes que desempeñan funciones específicas en el organismo, y su correcta combinación garantiza el aporte energético y funcional que los niños y niñas necesitan para crecer, aprender y desarrollarse.

Los **nutrientes** son sustancias contenidas en los alimentos que el cuerpo necesita para funcionar correctamente.

Se dividen en dos grandes grupos:

A. Macronutrientes

Aportan energía (calorías) y se consumen en grandes cantidades.

Macronutriente	Función	Ejemplos de alimentos
Hidratos de carbono	Fuente principal de energía	Pan, arroz, pasta, legumbres, frutas
Proteínas	Formación de tejidos, crecimiento	Carne, pescado, huevos, legumbres
Grasas	Energía concentrada, absorción de vitaminas	Aceite de oliva, frutos secos, aguacate, pescado azul

B. Micronutrientes

No aportan energía, pero son esenciales para el funcionamiento del cuerpo en pequeñas cantidades.

Micronutriente	Función	Ejemplos
Vitaminas	Regulación de procesos corporales	Frutas, verduras, lácteos, cereales
Minerales	Formación ósea, funcionamiento nervioso y muscular	Leche (calcio), carne (hierro), sal yodada (yodo)

Fig. 15. La carencia o exceso de ciertos nutrientes puede provocar problemas de salud como anemia, obesidad, fatiga, dificultades cognitivas o enfermedades metabólicas

La energía que el cuerpo obtiene de los alimentos se mide en **kilocalorías (kcal)**. En la infancia, el requerimiento energético varía según:

- Edad.
- Nivel de actividad física.
- Estado de salud.
- Etapa de crecimiento.

Un niño de 8 años con actividad física moderada necesita entre 1.600 y 2.000 kcal al día. Esta energía debe provenir preferentemente de hidratos de carbono complejos y no de azúcares simples o grasas saturadas.

A continuación, se expone una clasificación de los alimentos por función:

Grupo funcional	Función en el organismo	Alimentos representativos
Energéticos	Aportan calorías	Cereales, patata, aceite, frutos secos
Plásticos	Forman tejidos y estructuras	Carne, pescado, huevos, legumbres
Reguladores	Favorecen procesos metabólicos	Frutas, verduras, lácteos

Fig. 16. El "Plato para comer saludable" de Harvard es una herramienta visual útil que divide el plato en: ½ verduras y frutas, ¼ cereales integrales y ¼ proteínas saludables, acompañado de agua como bebida principal

El monitor debe:

- Reconocer los grupos alimentarios y su función.
- Promover el consumo de alimentos variados y equilibrados.
- Estar atento a signos de carencias nutricionales (cansancio, falta de concentración, inapetencia...).
- Comunicar posibles rechazos frecuentes a determinados grupos de alimentos (por ejemplo, verduras) a la familia o al equipo educativo.

14. El menú escolar y la dietética

El **menú escolar** es la herramienta básica de planificación alimentaria en el comedor. Su objetivo es garantizar que el alumnado reciba una alimentación variada, equilibrada y adaptada a sus necesidades nutricionales. La elaboración de estos menús no es aleatoria, sino que responde a los principios de la dietética, la ciencia que estudia cómo aplicar los conocimientos sobre nutrición a la planificación de dietas saludables.

La dietética es la disciplina encargada de diseñar planes alimentarios adecuados, teniendo en cuenta:

- Edad, sexo y etapa de crecimiento.
- Nivel de actividad física.
- Necesidades especiales (alergias, intolerancias, dietas culturales o religiosas).
- Preferencias y hábitos alimentarios saludables.

Fig. 17. El menú escolar debe evitar tanto excesos (grasas, azúcares, fritos) como deficiencias (fruta, verdura, legumbres), ajustándose a las guías de alimentación recomendadas por organismos como la AESAN o la OMS

Un menú semanal equilibrado suele incluir:

Componente	Frecuencia recomendada
Verduras y hortalizas	Todos los días
Frutas	Todos los días
Legumbres	2-3 veces por semana
Pescado	2-3 veces por semana
Carne magra (pollo, pavo…)	2 veces por semana
Huevos	1-2 veces por semana
Arroz, pasta, patata	Alternancia diaria como guarnición o plato base
Postres lácteos naturales	Mejor que postres azucarados

Un menú del jueves podría incluir:

- **Primer plato:** garbanzos guisados con verduras.
- **Segundo plato:** pescado al horno con ensalada de tomate y zanahoria.
- **Postre:** yogur natural sin azúcar o una pieza de fruta.
- Pan y agua como acompañamiento.

Por otro lado, un buen menú escolar debe cumplir con los siguientes criterios:

- **Equilibrio energético**: ajustado al gasto calórico infantil.
- **Distribución adecuada de macronutrientes** (carbohidratos 50-60 %, grasas 25-30 %, proteínas 10-15 %).
- **Reducción de alimentos ultraprocesados**: evitar embutidos, bollería, precocinados.
- **Presencia de alimentos frescos y de temporada**.
- **Alternancia de métodos de cocinado**: al horno, a la plancha, cocido, evitando fritos frecuentes.
- **Atención a las alergias y dietas específicas**.

 **Anotación**

Es recomendable publicar los menús mensuales para las familias, e incluso incluir sugerencias para completar las cenas en casa en coherencia con lo ofrecido en el colegio.

Aunque no elabora los menús, el monitor debe:

- Conocer el menú diario y las dietas especiales del alumnado.
- Verificar que se sirven los platos correctamente y a temperatura adecuada.
- Fomentar una actitud positiva hacia los alimentos, evitando imponer o forzar.
- Detectar patrones de rechazo, falta de apetito o consumo insuficiente y comunicarlo si es necesario.

- Promover la autonomía (uso de cubiertos, probar nuevos sabores, recoger su bandeja...).

15. Higiene y manipulación segura de los alimentos

Garantizar la higiene y seguridad alimentaria es fundamental en el contexto escolar, ya que la población infantil es especialmente vulnerable a enfermedades transmitidas por alimentos contaminados. Aunque el monitor o monitora no manipule directamente los alimentos en cocina, sí participa en su distribución, supervisión y consumo, por lo que debe conocer los principios básicos de manipulación segura, prevención de riesgos y buenas prácticas de higiene.

La higiene alimentaria previene:

- **Contaminaciones cruzadas** (por contacto entre alimentos crudos y cocinados).
- **Intoxicaciones alimentarias** (por bacterias como Salmonella, Listeria, E. coli...).
- **Alergias o intolerancias** por errores en la distribución.
- **Desperdicio de alimentos** por mala conservación o manipulación.

Fig. 18. Una correcta higiene protege la salud del alumnado y evita situaciones que podrían generar responsabilidades legales para el centro

Los principios básicos de higiene y seguridad alimentaria son:

Principio	Aplicación práctica
Lavado de manos	Siempre antes de distribuir alimentos, después de ir al baño, tocar objetos sucios o atender a un niño.
Uso de ropa adecuada	Uniforme limpio, pelo recogido, sin joyas ni elementos contaminantes.
Evitar contaminaciones cruzadas	No mezclar utensilios, superficies o bandejas entre platos alérgenos y el resto.
Temperatura de servicio	Verificar que los alimentos calientes lleguen a >65 °C y los fríos se mantengan <8 °C.
Control visual y olfativo	No servir alimentos con mal aspecto, olor raro o textura anormal.
Limpieza de superficies	Mantener limpias mesas, carros, bandejas, utensilios y manos.

Ejemplo

Una monitora debe entregar la bandeja sin gluten a una alumna con celiaquía. Antes de tocarla, se lava las manos y revisa que no haya restos de pan convencional en su uniforme. Sirve la bandeja identificada directamente a la niña y supervisa que no la intercambie con otros.

Legislación

En España y la UE, la higiene alimentaria está regulada por diversas normativas, entre las que destacan:

- Reglamento (CE) Nº 852/2004 sobre higiene de los productos alimenticios.
- Sistema APPCC (Análisis de Peligros y Puntos de Control Crítico), obligatorio en cocinas colectivas.
- Legislación nacional y autonómica en materia de comedores escolares.

Fig. 19. Muchos centros establecen protocolos internos de actuación ante incidentes alimentarios (reacción alérgica, vómitos, errores en bandejas especiales), que el monitor debe conocer y aplicar

En este sentido, el monitor o monitora debe:

- Aplicar buenas prácticas higiénicas personales.
- Supervisar que los alimentos lleguen y se repartan en condiciones adecuadas.
- Asegurar el cumplimiento de las dietas especiales (alérgenos, intolerancias).
- Detectar cualquier anomalía y comunicarla al equipo responsable.
- Promover hábitos de higiene en el alumnado: lavado de manos, uso correcto de cubiertos, limpieza tras la comida.

Anotación

Además de su función educativa, el monitor asume una responsabilidad preventiva esencial en el día a día del comedor escolar.

Resumen

El proceso docente educativo constituye el eje central de la acción formativa dentro del entorno escolar. Lejos de limitarse al aula, este proceso incluye todos los espacios en los que el alumnado se relaciona, aprende y se desarrolla, como el comedor y el tiempo libre. En estos contextos, el papel del monitor o monitora es fundamental, ya que actúa como agente educativo en momentos clave del día escolar.

El comedor escolar debe entenderse como un espacio educativo estructurado, donde se fomentan valores como la convivencia, la autonomía y la responsabilidad. Su organización en tiempo y espacio requiere planificación: desde el lavado de manos y la entrada ordenada, hasta la distribución de los alimentos, la recogida y el paso a la actividad posterior. El ambiente del comedor debe ser agradable, tranquilo y seguro, favoreciendo tanto la alimentación saludable como el aprendizaje de normas sociales.

La escuela, como institución educativa, tiene la misión de formar al alumnado de manera integral. Su labor no se limita a transmitir conocimientos, sino que abarca dimensiones cognitivas, afectivas, sociales y éticas. En esta tarea intervienen distintos actores: profesorado, alumnado, familias, equipo directivo, personal de apoyo y, por supuesto, monitores. Todos ellos deben colaborar para crear un entorno educativo coherente, estable y participativo.

El grupo escolar es un entorno social en el que el alumnado se desarrolla como individuo. A través del grupo, los niños y niñas aprenden a convivir, a resolver conflictos y a colaborar. El monitor debe observar estas dinámicas, mediar si es necesario y proponer actividades que refuercen la cohesión del grupo. Además, debe promover el papel activo del alumno o alumna en su propio proceso de aprendizaje, fomentando la participación, la toma de decisiones y el respeto mutuo.

El comedor y el servicio de restauración escolar deben cumplir criterios estrictos de calidad, seguridad e higiene. Ya sea mediante cocina propia o catering transportado, el menú escolar debe ser equilibrado, variado y adaptado a las necesidades del alumnado. En este sentido, la dietética escolar se basa en ofrecer alimentos que aporten la energía y los nutrientes necesarios para el crecimiento, priorizando el consumo de frutas, verduras, legumbres y proteínas saludables.

Comprender las propiedades nutricionales de los alimentos permite al monitor identificar los beneficios de una alimentación sana y los riesgos de dietas desequilibradas. Cada grupo de alimentos cumple una función específica (energética, plástica o reguladora), y su correcta combinación favorece el rendimiento físico y mental del alumnado. Además, la educación alimentaria debe formar parte de la intervención diaria del monitor, promoviendo actitudes positivas y hábitos duraderos.

Finalmente, es esencial garantizar la higiene y manipulación segura de los alimentos. Aunque los monitores no cocinen, tienen responsabilidades clave en la distribución de los menús, el cumplimiento de dietas especiales y la detección de cualquier anomalía. Asimismo, deben inculcar hábitos higiénicos en el alumnado, como el lavado de manos y el uso correcto de cubiertos, y contribuir a un entorno libre de riesgos alimentarios.

Glosario

Alimentación social colectiva

Sistema organizado de elaboración y distribución de comidas a grupos de personas (como escolares) en contextos institucionales, con especial atención a la seguridad alimentaria y el equilibrio nutricional.

APPCC (Análisis de Peligros y Puntos de Control Crítico)

Sistema preventivo que se aplica en la restauración colectiva para identificar riesgos alimentarios y establecer medidas que garanticen la inocuidad de los alimentos.

Catering escolar

Empresa especializada en la preparación y transporte de comidas para centros educativos que no disponen de cocina propia.

Comedor escolar

Servicio del centro educativo que proporciona alimentación diaria al alumnado, cumpliendo funciones nutricionales, sociales y educativas.

Contaminación cruzada

Paso de bacterias u otros agentes contaminantes de un alimento o superficie a otro, especialmente peligroso en contextos como el comedor escolar.

Dietética

Disciplina que se encarga de aplicar los conocimientos de nutrición a la elaboración de dietas adecuadas para diferentes contextos, como la etapa escolar.

Educación no formal

Tipo de educación estructurada que ocurre fuera del aula tradicional y que también contribuye al desarrollo del alumnado, como la que se ofrece en el comedor, el patio o actividades extraescolares.

Grupo escolar

Colectivo de alumnos y alumnas que comparten actividades educativas y de convivencia dentro del mismo entorno escolar y que constituyen un espacio clave de socialización.

Hábitos alimentarios saludables

Comportamientos adquiridos en relación con la alimentación que promueven la salud, como comer variado, respetar horarios y consumir frutas y verduras.

Institución educativa

Organización estructurada, como una escuela, que tiene como finalidad la formación integral de las personas en aspectos académicos, sociales, emocionales y éticos.

Macronutriente

Tipo de nutriente que se necesita en grandes cantidades y que aporta energía al cuerpo, como los hidratos de carbono, las proteínas y las grasas.

Menú escolar

Planificación de los alimentos y preparaciones que se ofrecen a diario en el comedor, diseñada para garantizar una dieta equilibrada y saludable, adaptada a la edad y características del alumnado.

Micronutriente

Sustancia que el cuerpo necesita en pequeñas cantidades pero que es esencial para la salud, como las vitaminas y los minerales.

Monitor de comedor y tiempo libre

Profesional que interviene en espacios no formales del centro educativo, como el comedor y las actividades lúdicas, fomentando la autonomía, la educación en valores y los hábitos saludables.

Nutriente

Sustancia que se encuentra en los alimentos y que es necesaria para el mantenimiento de las funciones vitales del organismo, como crecer, moverse o pensar.

Proceso docente educativo

Conjunto de acciones organizadas y planificadas para facilitar el aprendizaje del alumnado a través de la interacción con diferentes agentes educativos dentro del entorno escolar.

Ejercicios de autoevaluación

1. ¿Cuál de los siguientes espacios se considera educativo además del aula?

   a. El comedor escolar.

   b. El despacho de dirección.

   c. El pasillo.

   d. La entrada del centro.

2. ¿Qué dimensión no forma parte directa del proceso educativo integral del alumnado?

   a. Cognitiva.

   b. Afectiva.

   c. Económica.

   d. Social.

3. ¿Qué función tiene el monitor en el comedor escolar?

   a. Elaborar los menús.

   b. Controlar las cámaras frigoríficas.

   c. Acompañar y educar durante el momento de la comida.

   d. Supervisar al personal de cocina.

4. ¿Qué se entiende por grupo escolar?

   a. El equipo docente de un nivel.

   b. El conjunto de alumnos que comparten espacio y experiencias educativas.

   c. La lista de clase.

   d. Un grupo reducido con necesidades especiales.

5. ¿Cuál es una buena práctica para reforzar la cohesión del grupo escolar?

    a. Promover el liderazgo individual.

    b. Castigar las conductas disruptivas públicamente.

    c. Separar a los alumnos en conflicto.

    d. Realizar actividades cooperativas y participativas.

6. ¿Qué tipo de relación debe mantener el monitor con el grupo escolar?

    a. Estricta y jerárquica.

    b. Cercana, empática y con autoridad educativa.

    c. Informal y distante.

    d. Exclusivamente supervisora.

7. ¿Cuál es una de las principales funciones del comedor escolar?

    a. Disminuir el gasto familiar.

    b. Reforzar el rendimiento académico con deberes.

    c. Favorecer hábitos saludables y socialización.

    d. Aumentar el horario escolar.

8. ¿Qué característica define a la alimentación social colectiva?

    a. Preparación personalizada de menús en casa.

    b. Servicio planificado de comidas a grupos en entornos organizados.

    c. Elección libre de alimentos por parte de los alumnos.

    d. Uso exclusivo de alimentos procesados.

9. ¿Cuál de las siguientes entidades suele elaborar los menús escolares?

    a. El profesorado.

    b. Empresas de catering con asesoramiento nutricional.

    c. Las familias.

    d. El equipo directivo.

10.¿Qué debe garantizar una empresa de catering escolar?

a. Seguridad alimentaria, adaptación nutricional y correcta entrega.

b. Variedad de postres y zumos.

c. Menús libres de legumbres.

d. Comida a temperatura ambiente.

U. A. 5. Tiempo libre escolar y el equipo de monitores/as

Introducción

El tiempo libre escolar constituye un espacio de gran valor formativo, especialmente en etapas infantiles y juveniles. Aunque tradicionalmente se ha entendido como una pausa en la actividad académica, hoy se reconoce su papel como escenario educativo complementario, donde el alumnado puede desarrollar habilidades sociales, valores de convivencia, creatividad, autonomía y bienestar emocional.

En este contexto, el/la monitor/a de comedor y tiempo libre cumple funciones organizativas o de vigilancia, además de actuar como agente educativo, capaz de estructurar propuestas lúdicas, recreativas o culturales con una clara intencionalidad pedagógica. Su intervención requiere conocimiento del medio, capacidad de adaptación, empatía con la infancia y competencias en diseño de actividades educativas.

Por otro lado, el turismo escolar, la pedagogía del ocio y la gestión educativa de actividades no formales ofrecen al equipo de monitores un conjunto de herramientas y recursos para potenciar este tiempo con experiencias enriquecedoras. Desde la interpretación del patrimonio natural hasta las dinámicas de grupo o las actividades de animación, este espacio permite extender el aprendizaje más allá del aula.

El equipo de monitores, por tanto, debe estar capacitado para planificar, dinamizar y evaluar actividades enmarcadas en el tiempo libre escolar, garantizando su valor formativo, su coherencia con los objetivos educativos del centro, su adecuación a las características del grupo y su correcta ejecución técnica y organizativa.

Objetivos

- Identificar las características y potencialidades educativas del tiempo libre escolar, diferenciándolo de otros tipos de tiempo de ocio.
- Diseñar actividades formativas, lúdicas y culturales adecuadas para su realización en el tiempo libre escolar, valorando su función pedagógica.
- Conocer los fundamentos del turismo escolar y su relación con la interpretación del patrimonio y la pedagogía del ocio.
- Describir las funciones y responsabilidades del monitor/a de comedor y tiempo libre, así como las estrategias de intervención educativa en este ámbito.

1. El tiempo libre o de ocio y el tiempo libre escolar

El **tiempo libre** es una dimensión fundamental en la vida de las personas.

Se define como aquel período en el que no se está sujeto a obligaciones laborales, escolares o familiares, y que puede dedicarse de forma voluntaria a actividades de disfrute, descanso, desarrollo personal o socialización.

Anotación

No todo el tiempo libre se convierte en ocio. Por ejemplo, ver televisión pasivamente puede no aportar valor educativo ni personal, mientras que una excursión en grupo sí.

Aunque a menudo se utilizan como sinónimos, conviene distinguir entre los conceptos de tiempo libre y ocio:

Concepto	Definición
Tiempo libre	Tiempo no ocupado por deberes u obligaciones, disponible para uso personal.
Ocio	Forma cualitativa de uso del tiempo libre, que implica disfrute, elección libre y enriquecimiento personal.

El **tiempo libre escolar** se refiere al conjunto de espacios temporales que ocurren dentro del entorno educativo, pero fuera del horario lectivo, como:

- El recreo.
- Las actividades antes o después de clase.
- El tiempo de comedor.
- Las actividades extraescolares.
- Las salidas o excursiones escolares.

Fig. 1. En el caso de la infancia y la juventud, este tiempo tiene un valor especialmente formativo

Este tiempo es gestionado habitualmente por monitores, y aunque no forma parte del currículo obligatorio, puede tener una fuerte dimensión pedagógica si se orienta de manera adecuada.

El tiempo libre escolar tiene algunas características distintivas:

- **Está vinculado al entorno educativo**: ocurre dentro de la institución o en actividades organizadas por ella.
- **Permite desarrollar competencias no formales**: como la empatía, el trabajo en equipo, la autorregulación o la creatividad.
- **Requiere planificación y dinamización**: no es tiempo muerto; debe estar organizado para favorecer el aprendizaje activo.
- **Complementa el currículo académico**: al fomentar valores, habilidades prácticas y el bienestar emocional.

Ejemplo

Un taller de juegos cooperativos durante el recreo, diseñado por el monitor, además de entretener al grupo, promueve la solidaridad, el respeto por las reglas y la integración entre compañeros y compañeras. De esta manera, el tiempo libre escolar se convierte en un recurso educativo.

2. Tiempo libre o de ocio y su relación con el tiempo libre escolar

El **tiempo libre** y el **ocio educativo** tienen un papel importante en la vida personal, y pueden convertirse en herramientas pedagógicas cuando se integran adecuadamente en el contexto escolar. Esta relación permite enriquecer el proceso educativo, al promover aprendizajes significativos desde la experiencia, la participación activa y la motivación lúdica.

El ocio educativo es una forma de utilización del tiempo libre con fines formativos. Se basa en actividades voluntarias, placenteras y motivadoras que buscan el desarrollo integral de la persona.

Fig. 2. La incorporación del ocio educativo en el entorno escolar, a través del tiempo libre, permite a los monitores actuar como dinamizadores del aprendizaje no formal

Anotación

El ocio educativo no se opone al aprendizaje formal, sino que lo complementa mediante experiencias prácticas que favorecen el crecimiento personal, la convivencia y la adquisición de valores.

La relación entre el ocio y el tiempo libre escolar se apoya en principios como:

- **Voluntariedad:** La participación en las actividades no es obligatoria, sino que parte de la motivación interna del alumnado.
- **Protagonismo del participante:** El menor asume un rol activo en el desarrollo de la actividad, tomando decisiones, colaborando y expresándose.
- **Valor educativo del juego:** El juego, como forma natural de aprendizaje, se convierte en vehículo para transmitir conocimientos y valores.
- **Convivencia e inclusión:** El ocio escolar fomenta la interacción entre iguales, la resolución pacífica de conflictos y la cohesión del grupo.

Se expone, a continuación, una tabla comparativa sobre educación formal y ocio educativo escolar:

Aspecto	Educación formal	Ocio educativo escolar
Objetivo principal	Transmisión de conocimientos curriculares	Desarrollo personal y social
Metodología	Normativa, estructurada	Lúdica, participativa, flexible
Evaluación	Cuantitativa, objetiva	Cualitativa, basada en la observación
Relación educativa	Profesor-alumno	Monitor-grupo, horizontal y cercana
Entorno	Aula, recursos didácticos	Espacios abiertos, naturales o recreativos

Ejemplo

Durante una salida al parque organizada en el tiempo de comedor, la monitora propone una actividad de búsqueda del tesoro con pistas relacionadas con el entorno natural y las emociones. Los niños y las niñas aprenden a orientarse, a colaborar y a identificar emociones básicas, sin percibirlo como una "clase". Este tipo de ocio estructurado genera aprendizajes valiosos sin el marco rígido del aula.

3. Actividades relacionadas con tiempo libre o de ocio

El tiempo libre ofrece una oportunidad privilegiada para el desarrollo de actividades lúdicas, culturales, deportivas, creativas o de exploración, todas ellas orientadas al crecimiento personal y social del individuo.

Fig. 3. En el ámbito escolar, las actividades deben estar planificadas y adaptadas a las características del grupo, promoviendo la inclusión, el disfrute y el aprendizaje no formal

Se expone una clasificación de actividades según su naturaleza:

Tipo de actividad	Descripción	Ejemplos
Lúdicas	Buscan el entretenimiento, el disfrute y la participación activa.	Juegos cooperativos, gymkhanas, concursos.
Creativas y artísticas	Fomentan la expresión individual y colectiva mediante la creación.	Talleres de teatro, dibujo, manualidades.
Culturales	Amplían conocimientos y sensibilizan sobre el patrimonio y la diversidad.	Visitas a museos, cuentacuentos, cine-forum.
Deportivas y de movimiento	Estimulan la coordinación, el trabajo en equipo y la actividad física.	Deportes adaptados, circuitos de psicomotricidad.
De exploración y contacto con el entorno	Permiten conocer y valorar el medio natural y social.	Rutas por el entorno, juegos de pistas al aire libre.
De reflexión o grupo	Favorecen el diálogo, la autoestima y la construcción de valores.	Dinámicas de grupo, debates guiados, juegos de rol.

 **Saber más**

El monitor debe tener presente que las actividades no son un fin en sí mismas, sino un medio para educar. Su diseño debe partir de objetivos claros, adecuados a la edad y nivel del grupo, y contemplar siempre el componente lúdico como herramienta didáctica.

Las actividades desarrolladas en el tiempo libre deben aspirar a:

* Estimular la creatividad, la imaginación y el pensamiento divergente.
* Promover la participación activa del grupo.
* Facilitar el desarrollo emocional y social del alumnado.
* Fomentar hábitos de vida saludables y sostenibles.
* Reforzar valores como la tolerancia, el respeto o la solidaridad.

Taller de marionetas con materiales reciclados:

- **Objetivo:** Desarrollar la creatividad, el trabajo manual y la conciencia ecológica.
- **Actividad:** Cada niño crea una marioneta con calcetines viejos, tapones o cartones. Después, en pequeños grupos, elaboran una breve representación teatral sobre una situación de amistad o resolución de conflictos.

Este tipo de actividad combina expresión artística, reciclaje, educación en valores y trabajo en equipo.

4. Potencialidades del tiempo libre escolar como espacio educativo

El tiempo libre escolar, lejos de ser un tiempo vacío o puramente recreativo, posee un enorme potencial pedagógico cuando se gestiona de forma intencional.

Fig. 4. El tiempo libre escolar supone un contexto especialmente favorable para promover aprendizajes significativos, valores democráticos, desarrollo emocional y habilidades sociales a través de actividades atractivas y no obligatorias

¿Por qué el tiempo libre escolar es un espacio educativo?

La clave está en que este tiempo permite educar **desde la experiencia, la convivencia y el juego**, es decir, desde un modelo participativo y emocionalmente positivo. El alumnado se muestra más receptivo porque no percibe estas actividades como una obligación, sino como una oportunidad para disfrutar y relacionarse con sus iguales.

Anotación

El aprendizaje en el tiempo libre no está sujeto a exámenes ni calificaciones, pero puede dejar huellas profundas y duraderas, especialmente en lo que respecta a valores, actitudes y habilidades sociales.

Las principales potencialidades educativas del tiempo libre escolar son:

Potencialidad	Descripción
Educación en valores	Fomenta la cooperación, el respeto, la tolerancia y la solidaridad.
Desarrollo emocional y social	Ofrece un espacio para gestionar emociones, convivir y resolver conflictos.
Estimulación de la creatividad	Favorece la expresión artística y la imaginación mediante propuestas abiertas.
Fomento de la autonomía personal	Permite que el alumnado tome decisiones, elija actividades y se organice.
Inclusión y cohesión grupal	Integra a todos los niños/as, independientemente de sus habilidades o contexto.
Conexión con el entorno	Posibilita actividades al aire libre y el contacto con la naturaleza o la comunidad.
Refuerzo de hábitos saludables	Incorpora movimiento, descanso, alimentación y juego equilibrado.

Ejemplo

Se plantea una dinámica donde el grupo debe "cruzar un río" solo con elementos determinados (colchonetas, cuerdas, etc.). El juego exige colaboración, planificación, comunicación y empatía. A través de esta actividad lúdica, los participantes desarrollan trabajo en equipo, liderazgo compartido y tolerancia a la frustración.

Anotación

Para que estas potencialidades se hagan realidad, el monitor debe actuar como educador, planificando actividades con intención formativa, observando al grupo y adaptando su intervención a las características de los participantes. La espontaneidad no debe estar reñida con la pedagogía.

5. Turismo escolar

El **turismo escolar** es una forma organizada de viaje educativo en el que participa un grupo de alumnos y alumnas junto a responsables educativos (como docentes o monitores) con el fin de ampliar conocimientos, fomentar la convivencia y desarrollar valores sociales y culturales.

Fig. 5. Actividades vinculadas al turismo escolar refuerzan los vínculos entre el alumnado y su entorno, ofreciendo experiencias que van más allá del aula

El turismo escolar se define por una serie de elementos que lo diferencian del turismo convencional:

- **Finalidad educativa**: tiene objetivos pedagógicos claros, ya sean culturales, científicos, históricos o ambientales.
- **Organización colectiva**: se realiza en grupo, habitualmente con estudiantes de una misma etapa educativa.

- **Supervisión y dinamización**: participan profesionales (docentes y/o monitores) que actúan como responsables y mediadores educativos.
- **Entorno no formal de aprendizaje**: promueve el aprendizaje desde la experiencia directa, el juego y la exploración activa.

Ejemplo

Una visita de dos días a un parque natural, en la que los participantes realizan actividades guiadas como senderismo interpretativo, juegos medioambientales, observación de fauna y talleres de reciclaje. A lo largo del viaje, se refuerzan contenidos sobre sostenibilidad, trabajo en equipo y respeto a la naturaleza.

Fig. 6. El monitor de tiempo libre tiene un papel clave durante el turismo escolar: acompaña, dinamiza y convierte la experiencia en un recurso educativo vivo, más allá del mero desplazamiento físico

Los beneficios del turismo escolar en el desarrollo del alumnado son:

Ámbito de desarrollo	Beneficio específico
Cognitivo	Adquisición de conocimientos a través de la observación directa.
Emocional	Refuerzo de la autoestima, gestión de la autonomía y adaptación a nuevos entornos.
Social	Mejora de las habilidades de convivencia y respeto a normas grupales.
Cultural	Apreciación de la diversidad cultural, histórica y patrimonial.
Físico	Fomento de la actividad física y el contacto con el medio natural.

Fig. 7. El turismo escolar puede incluir una amplia variedad de experiencias: visitas a granjas escuela, museos interactivos, zonas arqueológicas, espacios naturales protegidos, rutas literarias, yacimientos, festivales culturales infantiles, etc.

El monitor debe preparar la actividad con antelación, asegurando:

- La coherencia con la edad y el nivel del grupo.
- El cumplimiento de medidas de seguridad.
- La inclusión de todos los participantes.
- La preparación de materiales, dinámicas, juegos y guías que conecten con los objetivos educativos del viaje.

6. El turismo y el turista

El **turismo** es una actividad humana de carácter social, cultural y económico que implica el desplazamiento de personas fuera de su entorno habitual por motivos de ocio, cultura, formación, descanso o aventura, entre otros. Su práctica está estrechamente ligada al descubrimiento de nuevos lugares, al intercambio entre culturas y al crecimiento personal.

El **turista**, por su parte, es el sujeto que realiza este desplazamiento, adoptando un rol de observador, participante y, en muchos casos, aprendiz activo del entorno que visita.

Los tipos de turismo según su finalidad son:

Tipo de turismo	Finalidad principal
Cultural	Conocer el patrimonio histórico, artístico o religioso de un lugar.
Educativo	Aprender contenidos específicos mediante experiencias directas.
Rural o ecológico	Disfrutar de espacios naturales, aprender sobre sostenibilidad y medio rural.
Deportivo o activo	Practicar actividades físicas al aire libre o deportes organizados.
Social	Promover la convivencia, el intercambio y la participación grupal.

 Anotación

El turismo escolar combina varios de estos enfoques: es educativo, cultural, social y ecológico a la vez. El papel del monitor es adaptar los contenidos y actividades para que los participantes comprendan, interpreten y valoren lo que experimentan.

En el contexto educativo, es clave promover una actitud activa del turista escolar, fomentando:

- La observación crítica del entorno.
- El respeto por las costumbres locales.
- La participación consciente en las actividades programadas.
- El cuidado del medio natural y urbano.
- La reflexión posterior sobre lo aprendido o vivido.

 Ejemplo

Antes de una excursión a un museo de historia local, el monitor propone una dinámica previa: crear un "pasaporte de visitante consciente", con compromisos como "no tocar sin permiso", "escuchar con atención al guía", "anotar algo que me haya sorprendido". Después de la visita, se realiza una asamblea reflexiva sobre lo aprendido y cómo se sintieron como visitantes.

Fig. 8. Educar para un turismo responsable desde edades tempranas ayuda a formar ciudadanos respetuosos, empáticos y sostenibles, que no solo consumen ocio, sino que se enriquecen personalmente y contribuyen al respeto colectivo del patrimonio

7. Turismo escolar. Interpretación del patrimonio ambiental como base del turismo escolar

El patrimonio ambiental comprende los elementos naturales que tienen un valor ecológico, científico, estético o simbólico para una comunidad. Esto incluye paisajes, ecosistemas, especies animales y vegetales, formaciones geológicas, recursos hídricos o reservas naturales, entre otros.

Cuando hablamos de turismo escolar, la interpretación del patrimonio ambiental se convierte en una herramienta pedagógica clave, ya que permite que el alumnado comprenda, valore y proteja el entorno, no solo como observadores pasivos, sino como participantes conscientes de su riqueza y fragilidad.

La **interpretación ambiental** es un proceso educativo que traduce el lenguaje técnico de la naturaleza a un lenguaje accesible, significativo y estimulante para el visitante. Busca provocar una respuesta emocional y cognitiva, más allá de la mera transmisión de datos.

Anotación

La interpretación ambiental no consiste en dar una clase de biología en el campo. Se trata de conectar emocionalmente con el entorno, despertar la curiosidad y fomentar actitudes responsables y sostenibles.

Los principios de la interpretación ambiental (basados en Freeman Tilden) son:

1. Provocar el interés, además de informar.
2. Relacionar la información con la experiencia y vivencias del público.
3. Estimular el pensamiento, no únicamente transferir datos.
4. Buscar un mensaje unificado con sentido global.
5. Adaptar el contenido al grupo específico: edad, nivel, intereses.
6. Convertir la experiencia en algo memorable.

Ejemplo

En una salida escolar a un bosque cercano, el monitor organiza una "ruta de los sentidos":

- Paradas para identificar olores de plantas aromáticas.
- Juegos para escuchar sonidos naturales (aves, viento, agua).
- Observación con lupas de corteza o musgos.
- Cierre con un mural colectivo en el que cada niño dibuja o escribe "lo que se lleva del bosque".

A través de esta propuesta, se conecta emocional y sensorialmente con el entorno, estimulando el respeto, la empatía ecológica y el aprendizaje vivencial.

Los beneficios de la interpretación del patrimonio ambiental en turismo escolar son los siguientes:

Beneficio	Descripción
Conciencia ecológica	Sensibiliza sobre la conservación del medio ambiente.
Aprendizaje interdisciplinar	Integra contenidos de ciencias, geografía, arte, lenguaje y valores.
Conexión emocional con la naturaleza	Fomenta actitudes de respeto, disfrute y cuidado del entorno.
Desarrollo de habilidades	Observación, deducción, escucha activa, trabajo en equipo.
Valoración del patrimonio local	Refuerza el sentimiento de pertenencia y aprecio por lo cercano.

En definitiva, el monitor debe:

- Diseñar actividades adaptadas al lugar y al grupo.
- Utilizar recursos sencillos: mapas, dibujos, cuentos, objetos naturales.
- Favorecer el descubrimiento personal más que la explicación directa.
- Priorizar el disfrute activo, el juego con propósito y la reflexión compartida.

8. La pedagogía del ocio y los recursos para el tiempo libre

La **pedagogía del ocio** es una disciplina educativa que estudia y orienta el uso formativo del tiempo libre.

Fig. 9. Lejos de considerar el ocio como mero entretenimiento, esta pedagogía lo entiende como una oportunidad para el desarrollo integral de la persona a través de actividades voluntarias, placenteras, creativas y socialmente significativas

El ocio tiene un valor educativo, cultural, social y personal. Desde este enfoque, el tiempo libre:

- No es tiempo vacío, sino un espacio de crecimiento y expresión personal.
- Puede y debe ser planificado con intencionalidad pedagógica.
- Es el ámbito ideal para fomentar valores, actitudes positivas y hábitos saludables.
- Favorece la autonomía, el pensamiento crítico y la convivencia.

 **Anotación**

La pedagogía del ocio no pretende llenar el tiempo libre de obligaciones, sino dotarlo de sentido, favoreciendo la participación activa, el disfrute consciente y la autorrealización del individuo.

Algunas funciones educativas del ocio son:

Función	Descripción
Compensadora	Reduce desigualdades sociales y culturales mediante el acceso universal al ocio.
Desarrolladora	Estimula el crecimiento emocional, social, cognitivo y físico.
Preventiva	Aleja de conductas de riesgo mediante alternativas positivas de ocupación.
Integradora	Promueve la inclusión, el respeto y la convivencia entre personas diversas.

El monitor dispone de un amplio repertorio de recursos educativos y metodológicos para dinamizar actividades en el tiempo libre. Su correcta selección y adaptación son clave para garantizar el éxito educativo.

En este sentido, los principales recursos del monitor son:

Tipo de recurso	Ejemplos
Materiales lúdicos	Pelotas, cuerdas, paracaídas, juegos de mesa, cartas cooperativas.
Recursos artísticos	Pinturas, instrumentos musicales, disfraces, material reciclado.
Recursos naturales	Elementos del entorno: hojas, piedras, agua, tierra, viento.
Técnicas de animación	Juegos de presentación, dinámicas de grupo, dramatización, cuentacuentos.
Recursos digitales	Apps educativas, pizarras interactivas, vídeos, herramientas TIC.
Recursos espaciales	Parques, patios, aulas polivalentes, salas de usos múltiples.

Se expone un ejemplo de actividad con enfoque de pedagogía del ocio: "Taller de creación de máscaras culturales".

- **Objetivo:** fomentar la creatividad, el respeto por la diversidad cultural y el trabajo en equipo.
- **Desarrollo:** tras una breve introducción sobre máscaras de distintas culturas (africanas, asiáticas, europeas...), los participantes elaboran sus propias máscaras con cartón, papel, colores y otros materiales. Al final, se organiza una pequeña exposición y presentación de cada creación.

Este tipo de actividad educa en el respeto, la expresión personal y la apreciación cultural.

Por último, resulta importante para el monitor:

- No improvisar sin intención pedagógica: todo recurso debe tener un sentido educativo.

- Observar al grupo para ajustar dinámicas y materiales.

- Fomentar la participación activa y el protagonismo del alumnado.

- Valorar el proceso por encima del resultado final.

9. Pedagogía del ocio

La **pedagogía del ocio** es la rama de la pedagogía que se ocupa del estudio, planificación y aprovechamiento educativo del tiempo libre y el ocio. Su objetivo no es solo facilitar actividades recreativas, sino formar personas libres, críticas y creativas a través de experiencias placenteras que fortalezcan el desarrollo integral.

Fig. 10. La pedagogía del ocio parte de la convicción de que este no es una evasión de lo importante, sino una dimensión esencial de la vida que puede enriquecerla profundamente si se gestiona de manera consciente y educativa

Los fundamentos de la pedagogía del ocio son:

- **El ocio es formativo**: promueve el desarrollo personal, social, emocional y cultural.
- **El ocio es libremente elegido**: su valor educativo se potencia al ser fruto de la motivación interna.
- **El ocio tiene valor en sí mismo**: no necesita justificación productiva; el disfrute, el juego y la creación son válidos por sí mismos.
- **El ocio puede y debe educarse**: las personas pueden aprender a disfrutar de forma creativa, sana, crítica y solidaria.

Vocabulario

Ocio significativo: forma de ocio que implica implicación personal, conexión con los valores propios, aprendizaje y disfrute activo.

Por su parte, los objetivos de la pedagogía del ocio son:

Dimensión	Objetivo pedagógico
Personal	Desarrollar la autonomía, la autoestima y la capacidad de decisión.
Social	Fomentar la cooperación, la empatía y la inclusión.
Creativa	Estimular la imaginación, la expresión artística y el pensamiento divergente.
Cultural	Promover el acceso al patrimonio cultural y el respeto a la diversidad.
Crítica	Ayudar a distinguir entre ocio consumista y ocio constructivo o transformador.

Ejemplo

Un grupo de niños y niñas en edad escolar, acompañados por su monitor, organiza un proyecto de "club de ocio saludable". Deciden qué actividades les gustaría realizar (senderismo, talleres de cocina, juegos cooperativos, yoga...), planifican las sesiones y valoran después cómo se han sentido.

A través de este proceso, el grupo aprende a gestionar su tiempo libre de forma autónoma, consciente y responsable.

El monitor de tiempo libre, como educador en la pedagogía del ocio, debe:

- Diseñar actividades que combinen disfrute y formación.

- Fomentar la reflexión: ¿Qué me aporta esta actividad? ¿Cómo me siento?

- Evitar propuestas pasivas o consumistas, optando por experiencias participativas y transformadoras.

- Crear un clima de libertad, respeto y expresión, donde cada niño pueda descubrir lo que le gusta y compartirlo.

Fig. 11. Educar en la pedagogía del ocio es educar para la vida, ya que enseña a aprovechar el tiempo libre de manera significativa, a descubrir intereses propios, a convivir y a disfrutar de forma ética y responsable

10. Recursos y actividades para el tiempo libre

El trabajo educativo de los monitores en el ámbito del tiempo libre depende en gran medida de los recursos disponibles y de la planificación adecuada de actividades. Ambos elementos son clave para garantizar una experiencia significativa, inclusiva y divertida, que responda a los objetivos pedagógicos y a las características del grupo.

Los **recursos para el tiempo libre** son todos aquellos materiales, herramientas, espacios, técnicas y dinámicas que el monitor utiliza para facilitar el desarrollo de actividades lúdico-educativas. Estos recursos deben adaptarse al grupo, al entorno, al objetivo de la actividad y al momento del día.

Los tipos de recursos son:

Tipo	Ejemplos
Materiales	Pelotas, cuerdas, telas, instrumentos musicales, pinturas, dados gigantes.
Espaciales	Patios, parques, gimnasios, salas polivalentes, aulas, bibliotecas.
Naturales	Rocas, hojas, ramas, tierra, agua, sol, viento (para actividades al aire libre).
Humanos	Aportaciones del grupo, familiares, vecinos, voluntarios, artistas invitados.
Tecnológicos	Proyector, música digital, apps de dibujo, pizarras interactivas.
Didácticos	Juegos de rol, fichas, mapas, cuentos, vídeos, tarjetas de emociones.

Fig. 12. No es imprescindible contar con materiales costosos: con elementos reciclados o del entorno se pueden crear actividades muy ricas y educativas

Las actividades deben responder a **objetivos educativos concretos**, aunque se desarrollen en un clima lúdico y relajado. Se clasifican según su finalidad y el tipo de desarrollo que promueven:

Tipo de actividad	Finalidad educativa	Ejemplos
Cooperativas	Fomentar el trabajo en equipo y la ayuda mutua	Juegos de retos en grupo, gymkhanas por estaciones.
Creativas y expresivas	Estimular la imaginación, la expresión y la comunicación	Teatro, dibujo libre, collage grupal, cuentacuentos.
De movimiento	Promover la actividad física y el juego corporal	Circuitos, juegos tradicionales, carreras con obstáculos.
Ambientales	Conectar con la naturaleza y aprender a respetarla	Rutas interpretativas, talleres con materiales naturales.
Sensoriales y emocionales	Explorar los sentidos y expresar sentimientos	Juegos de silencio, dinámicas de emociones.
Cognitivas o lógicas	Estimular el pensamiento y la resolución de problemas	Juegos de pistas, rompecabezas colectivos.
Culturales y sociales	Acercar a otras culturas, fomentar la inclusión	Talleres de cocina del mundo, juegos del planeta.

Los criterios para seleccionar actividades y recursos son:

- Edad y características del grupo.
- Nivel de participación que se desea fomentar.
- Espacio y tiempo disponible.
- Objetivos pedagógicos planteados.
- Valores que se quieran trabajar.
- Recursos materiales reales a disposición.

Ejemplo

Se expone un ejemplo práctico: actividad con recursos básicos.

- **Nombre:** "El mural de las manos"
- **Objetivo:** fomentar la identidad grupal, la expresión plástica y la convivencia.
- **Materiales:** papel continuo, pinturas o rotuladores, música relajante.
- **Desarrollo:** cada participante deja la huella de su mano en el mural y escribe dentro un valor que quiere aportar al grupo (respeto, humor, ayuda...).
- **Cierre:** se cuelga en un lugar visible y se reflexiona en grupo sobre la importancia de cada aporte.

Por último, resulta importante para el monitor lo siguiente:

- Toda actividad debe tener una intención educativa, aunque sea lúdica.
- Los recursos no sustituyen al criterio pedagógico: es mejor una actividad sencilla bien dinamizada que una compleja mal gestionada.
- El monitor debe adaptarse constantemente: improvisar con calidad cuando cambian las condiciones es parte del trabajo educativo.

11. El/la monitor/a y la gestión educativa de las actividades de comedor y tiempo libre

El monitor de comedor y tiempo libre desempeña una función clave en la vida cotidiana de niños y niñas dentro del entorno escolar. Su papel va mucho más allá de vigilar o entretener: se trata de un educador en contextos no formales, con la responsabilidad de planificar, dinamizar y gestionar actividades que contribuyan al desarrollo integral del alumnado.

Estos espacios son especialmente sensibles porque se sitúan fuera del horario lectivo, pero están inmersos en la rutina escolar. Por ello, requieren de una gestión educativa consciente, basada en valores, intenciones pedagógicas claras y una actitud activa de acompañamiento.

Las funciones principales del monitor en comedor y tiempo libre son las siguientes:

Ámbito de intervención	Función específica	Objetivo educativo asociado
Durante el comedor escolar	Supervisar y acompañar durante la comida	Garantizar la seguridad, el orden y el bienestar del alumnado
	Fomentar la adquisición de hábitos alimentarios saludables	Promover una alimentación equilibrada y consciente
	Estimular la autonomía en la manipulación de cubiertos, servilletas, etc.	Desarrollar habilidades de cuidado personal y responsabilidad
	Enseñar normas básicas de comportamiento en la mesa	Educar en el respeto, la convivencia y la cortesía
	Detectar alergias, intolerancias o comportamientos alimentarios preocupantes	Velar por la salud y actuar con responsabilidad
	Dinamizar el tiempo postcomida con juegos tranquilos	Mantener un clima relajado y educativo durante todo el servicio
Durante el tiempo libre	Planificar y ejecutar actividades lúdicas y educativas	Favorecer el desarrollo integral a través del juego y la creatividad
	Observar la dinámica del grupo y el comportamiento individual	Detectar necesidades, fortalezas y conflictos
	Establecer normas claras y adaptadas al grupo	Proporcionar un entorno seguro, previsible y formativo
	Fomentar la participación, la cooperación y la inclusión	Impulsar el aprendizaje social y el respeto a la diversidad
	Adaptar las propuestas a edades, intereses y capacidades	Garantizar la accesibilidad y el disfrute de todos
Relación educativa	Ser referente positivo en valores y actitudes	Actuar con coherencia, respeto y sensibilidad educativa
	Mediar en conflictos de forma dialogada y constructiva	Enseñar resolución pacífica y gestión emocional
	Evaluar las actividades realizadas para mejorar la intervención	Fomentar una práctica reflexiva y de mejora continua

Anotación

El monitor es referente educativo. Sus gestos, palabras y actitudes influyen directamente en el clima del grupo, por lo que debe cuidar su comunicación, su coherencia y su forma de intervenir.

Una gestión educativa adecuada implica:

- **Planificación**: organizar con antelación las actividades, considerando el espacio, el tiempo, los recursos y los objetivos.
- **Intencionalidad pedagógica**: no se trata solo de "pasar el rato", sino de educar mientras se juega, se come o se conversa.
- **Flexibilidad**: saber adaptarse a cambios inesperados o necesidades del grupo.
- **Evaluación continua**: observar lo que funciona, lo que no, y mejorar progresivamente.

Durante el tiempo de comedor, algunos niños y niñas comen muy rápido y se levantan antes que el resto, generando desorden.

- **Intervención del monitor:** propone una "rueda de los sabores", en la que quienes terminan pronto pueden participar en una pequeña actividad en la mesa (dibujar su plato favorito, compartir una curiosidad sobre un alimento, etc.).
- **Resultado:** se reduce la ansiedad, se favorece el ritmo tranquilo y se educa en la reflexión sobre los alimentos.

Fig. 13. El éxito de la intervención del equipo de monitores no depende solo de su creatividad, sino de su capacidad para leer al grupo, escuchar activamente, mediar con respeto y mantener siempre un propósito educativo claro, incluso en los momentos más cotidianos

12. El/la monitor/a de comedor y tiempo libre escolar

El/la monitor/a de comedor y tiempo libre escolar es un profesional esencial en el entorno educativo no formal. Su labor se desarrolla principalmente durante el tiempo de comedor y en los espacios no lectivos del horario escolar (recreos, actividades antes o después de clase, salidas o excursiones), donde actúa como referente de convivencia, animación y acompañamiento educativo.

Lejos de ser una figura meramente asistencial o vigilante, su función implica una intervención educativa activa, orientada al desarrollo personal y social del alumnado, a la promoción de hábitos saludables y a la dinamización de actividades significativas en contextos no formales.

El monitor debe reunir una serie de cualidades personales y competencias profesionales que le permitan ejercer su labor con eficacia:

Competencias personales:

- Empatía, cercanía y escucha activa.
- Paciencia y actitud positiva.
- Habilidades comunicativas y de liderazgo.
- Capacidad de observación y adaptación.
- Responsabilidad y compromiso educativo.

Competencias profesionales:

- Planificación de actividades lúdico-educativas.
- Gestión de grupos infantiles y juveniles.
- Mediación y resolución de conflictos.
- Educación en hábitos de higiene, alimentación y convivencia.
- Coordinación con el resto del equipo educativo (docentes, familias, cocina, etc.).

Anotación

El monitor trabaja con personas en formación. Cada palabra, cada consigna y cada gesto contribuye a modelar comportamientos, actitudes y valores. Su papel es tan formativo como el del docente, aunque desde otro plano.

En cuanto a los ámbitos de intervención, destacan:

Ámbito	Intervención de los monitores
Comedor escolar	Supervisión de la comida, refuerzo de normas sociales (esperar turno, higiene, respeto), fomento de una dieta equilibrada.
Tiempo libre escolar	Juegos dirigidos y libres, talleres, cuentacuentos, dinámicas de grupo, actividades de animación y expresión.
Convivencia y clima	Prevención de conflictos, fomento de la inclusión, atención a las relaciones entre iguales.
Educación emocional	Identificación de emociones, acompañamiento afectivo, refuerzo de la autoestima.

Ejemplo

Durante una actividad de cuentacuentos después de comer, un alumno comienza a interrumpir reiteradamente.

En lugar de reprenderlo de forma directa, el monitor le propone que participe activamente representando uno de los personajes.

Resultado: el alumno se siente reconocido, mejora su conducta y se convierte en un colaborador en la actividad.

Este tipo de intervenciones demuestra la inteligencia educativa que requiere el rol del monitor, basada en la observación, la flexibilidad y la búsqueda de soluciones constructivas.

13. Gestión educativa de las actividades de comedor y tiempo libre

La **gestión educativa** de las actividades de comedor y tiempo libre no se reduce a organizar o distribuir tiempos y materiales, sino que implica planificar y dinamizar con intención pedagógica, teniendo en cuenta el bienestar del grupo, los valores educativos y las necesidades de desarrollo del alumnado.

Esto convierte al monitor en un **agente educativo activo**, que estructura experiencias valiosas para el grupo desde el juego, la alimentación, la convivencia y la expresión personal.

Fig. 14. Cada situación del día, un juego, una comida, una conversación informal, puede convertirse en una oportunidad educativa si el monitor sabe mirar con ojos pedagógicos y actuar con intención formativa

La gestión educativa requiere tener en cuenta tres pilares fundamentales:

1. **Planificación**: anticiparse a las actividades con objetivos claros, adaptadas al grupo y a las condiciones del entorno.
2. **Intervención pedagógica**: saber guiar la actividad en función del comportamiento del grupo, el clima emocional y la dinámica del momento.
3. **Evaluación y mejora continua**: observar resultados, recoger impresiones del grupo y ajustar propuestas futuras.

Anotación

No es lo mismo "organizar una manualidad" que "proponer una actividad artística para reforzar la autoestima y la cooperación". El mismo recurso cambia de valor según la intención del monitor.

Las etapas de la gestión educativa son:

Etapa	Acciones clave
Detección de necesidades	Observar al grupo, identificar intereses, nivel de desarrollo, posibles dificultades.
Planificación	Establecer objetivos, seleccionar recursos, prever tiempos y espacios.
Ejecución	Conducir la actividad de forma flexible, participativa y segura.
Evaluación	Recoger información sobre el desarrollo (actitud del grupo, logros, dificultades).
Retroalimentación	Reajustar dinámicas futuras a partir de lo aprendido en la experiencia.

Un ejemplo de planificación educativa sencilla puede ser:

- **Actividad:** Juego de pistas por el patio.
- **Objetivo pedagógico:** Favorecer la cooperación y la atención sostenida.
- **Edad recomendada:** 6-8 años.
- **Materiales:** Tarjetas plastificadas, mapas, cintas para delimitar zonas.
- **Criterios de inclusión:** Grupos heterogéneos, roles rotatorios.
- **Evaluación:** Observación directa, lluvia de ideas al final.

Los criterios para una gestión educativa eficaz son:

- **Intención pedagógica clara**: cada actividad debe responder a un propósito educativo.

- **Adaptación al grupo**: tener en cuenta edad, diversidad, intereses, ritmo y estado emocional.

- **Equilibrio entre estructura y flexibilidad**: planificar sin rigidez.

- **Participación activa del alumnado**: fomentar la autonomía, la elección y el protagonismo.

- **Respeto y coherencia en las normas**: establecer límites claros desde una mirada educativa.

Por otro lado, entre las funciones específicas en la gestión del comedor destacan:

Acción educativa	Ejemplo
Promover hábitos saludables	Comentar de forma lúdica los beneficios de ciertos alimentos.
Fomentar la autonomía	Enseñar a servir agua o a recoger su bandeja tras la comida.
Acompañar emocionalmente	Detectar si un niño rechaza la comida por ansiedad.
Mediar en conflictos	Facilitar el diálogo entre compañeros/as tras una discusión.

14. Estrategia para la formación y desarrollo de los escolares durante el tiempo de comedor y tiempo libre escolar

El **comedor y el tiempo libre escolar** no deben considerarse tiempos "muertos" ni simplemente de descanso. Bien gestionados, son espacios educativos con un enorme potencial para el desarrollo de los niños y niñas en múltiples dimensiones: emocional, social, física, cognitiva y ética.

Diseñar una **estrategia educativa específica** para estos espacios implica dotarlos de estructura, coherencia y propósito formativo, en línea con el proyecto educativo del centro escolar y con las necesidades reales del grupo.

Los objetivos de una estrategia educativa en tiempo libre escolar son:

- Fomentar la autonomía y el pensamiento crítico desde experiencias prácticas.
- Fortalecer las habilidades sociales a través de la convivencia, el juego y la colaboración.
- Estimular hábitos saludables en alimentación, higiene, actividad física y descanso.
- Potenciar la creatividad y la expresión personal mediante actividades lúdicas y artísticas.
- Educar en valores como el respeto, la tolerancia, la igualdad y la sostenibilidad.

Anotación

La estrategia no se basa solo en "qué actividades hacer", sino en cómo hacerlas, por qué hacerlas y con qué sentido educativo. Cada dinámica debe ser una oportunidad de aprendizaje vivencial.

Por su parte, los componentes de una estrategia educativa eficaz son:

Componente	Descripción
Diagnóstico del grupo	Identificación de características, necesidades, fortalezas y dificultades.
Planificación pedagógica	Diseño de actividades alineadas con objetivos educativos y valores del centro.
Participación del alumnado	Implicación activa en la elección, ejecución y evaluación de las actividades.
Coordinación educativa	Relación fluida entre monitores, docentes, familias y otros agentes.
Evaluación continua	Revisión periódica de logros, conflictos y propuestas de mejora.

Ejemplo

Se expone un ejemplo de estrategia aplicada:

En el comedor se detecta una alta dependencia de los adultos para realizar tareas básicas (servirse agua, limpiar su espacio, pedir ayuda).

Estrategia educativa:

- **Objetivo:** fomentar la autonomía y la responsabilidad.
- **Intervención:** crear el rol rotativo de "monitor/a ayudante", que se encarga de apoyar al grupo y supervisar rutinas.
- **Evaluación:** se realiza una reflexión semanal en grupo sobre cómo han funcionado los roles.

El monitor no es solo ejecutor de actividades, sino diseñador de entornos educativos vivos.

Su intervención:

- Observa y comprende al grupo.
- Planifica con intención educativa y flexibilidad.
- Dinamiza con empatía y creatividad.
- Evalúa y mejora constantemente su práctica.

Fig. 15. El objetivo final no es "entretener" o "llenar el tiempo", sino contribuir al desarrollo integral de cada niño a través de experiencias cotidianas que refuercen su autoestima, sus capacidades y sus vínculos con los demás

Resumen

El tiempo libre escolar constituye un espacio privilegiado para la educación no formal, donde niños y niñas desarrollan habilidades sociales, emocionales y cognitivas fuera del aula. Aunque tradicionalmente ha sido entendido como un momento de descanso o desconexión, hoy se reconoce su valor formativo cuando es gestionado con intencionalidad pedagógica. Dentro de este marco, el monitor o monitora de comedor y tiempo libre se convierte en una figura educativa esencial, capaz de estructurar experiencias significativas mediante el juego, la convivencia y la participación activa.

El tiempo libre y el ocio están estrechamente relacionados, aunque no son lo mismo. El tiempo libre es el período sin obligaciones escolares o familiares, mientras que el ocio implica una forma cualitativa de usar ese tiempo de manera libre, placentera y enriquecedora. En el ámbito escolar, esta relación cobra fuerza en el desarrollo de actividades de ocio educativo, que no solo entretienen, sino que fomentan valores, creatividad, autonomía y aprendizaje vivencial.

Las actividades de ocio que se pueden realizar en el entorno escolar son muy variadas: desde juegos cooperativos hasta talleres creativos, pasando por dinámicas sensoriales, actividades al aire libre o propuestas culturales. Estas actividades deben responder a objetivos pedagógicos, estar adaptadas a la edad del grupo y favorecer la inclusión. El diseño y desarrollo de estas propuestas requiere del monitor una actitud observadora, flexible y comprometida con el desarrollo integral del alumnado.

Uno de los espacios más potentes desde el punto de vista educativo es el del turismo escolar, entendido como actividad organizada con finalidad formativa. A través de visitas culturales, salidas al medio natural o actividades patrimoniales, los escolares aprenden en contextos reales, conectan con el entorno y fortalecen la convivencia grupal. Aquí entra en juego la interpretación del patrimonio ambiental, una estrategia que traduce el lenguaje técnico de la naturaleza a un lenguaje cercano y estimulante, permitiendo que el alumnado se relacione de forma activa, crítica y emocional con el entorno.

La pedagogía del ocio proporciona el marco teórico para entender el ocio como un ámbito de formación personal. Se basa en la idea de que el ocio, cuando es libremente elegido y bien orientado, desarrolla la autonomía, la creatividad y el pensamiento crítico. Desde este enfoque, el monitor actúa como un facilitador de experiencias que fortalecen el bienestar del grupo y refuerzan valores como la igualdad, la solidaridad o el respeto por la diversidad.

Los recursos y actividades que puede utilizar el monitor incluyen materiales físicos, espacios adaptados, recursos naturales, tecnológicos y humanos, todos ellos al servicio de propuestas que estimulen la participación y el aprendizaje. Es fundamental que estas respondan a una gestión educativa, es decir, a una planificación con intención pedagógica, adaptada al grupo y evaluada de forma continua.

El monitor de comedor y tiempo libre escolar tiene, por tanto, una triple función: educativa, organizativa y social. Acompaña al grupo en momentos clave del día, como la comida o los recreos, fomentando hábitos saludables, enseñando normas básicas de convivencia y convirtiendo cada situación cotidiana en una oportunidad para educar. Su intervención requiere competencias específicas en dinamización, resolución de conflictos, planificación y comunicación efectiva.

Para que esta labor sea efectiva, es necesario diseñar una estrategia educativa clara durante el tiempo de comedor y tiempo libre escolar. Esta estrategia debe tener como objetivo el desarrollo integral del alumnado, estructurando actividades coherentes con sus necesidades y capacidades, y favoreciendo su protagonismo en el proceso. Con ello se logra transformar estos espacios en entornos educativos vivos, donde se aprende a convivir, expresar, respetar y disfrutar de forma consciente.

Glosario

Actividad lúdica

Propuesta basada en el juego que promueve el aprendizaje, la creatividad, la cooperación y el desarrollo emocional.

Autonomía personal

Capacidad progresiva del niño o la niña para actuar de forma independiente, tomar decisiones y asumir responsabilidades.

Dinamización

Acción de animar, coordinar y guiar al grupo durante actividades, generando participación activa y un clima positivo.

Evaluación continua

Proceso de análisis constante del desarrollo de las actividades para adaptarlas a las necesidades del grupo y mejorar la práctica educativa.

Gestión educativa

Conjunto de acciones planificadas y con intención formativa que permiten desarrollar actividades de calidad en contextos no formales, como el tiempo libre escolar.

Hábitos saludables

Rutinas cotidianas que favorecen el bienestar físico y mental, como la buena alimentación, la higiene, el descanso o el ejercicio físico.

Inclusión

Principio educativo que garantiza la participación de todo el alumnado en igualdad de condiciones, independientemente de sus capacidades, origen o situación personal.

Interpretación ambiental

Proceso didáctico que convierte la información sobre el medio natural en experiencias significativas y accesibles, fomentando la conciencia ecológica.

Monitor de tiempo libre

Profesional que planifica, dinamiza y acompaña actividades educativas en contextos no formales como el comedor escolar, el recreo o las salidas lúdicas.

Ocio educativo

Forma de utilización del tiempo libre con intención pedagógica, orientada al desarrollo integral mediante actividades lúdicas, culturales o sociales que combinan disfrute y aprendizaje.

Pedagogía del ocio

Disciplina que estudia el valor educativo del ocio y propone estrategias para su aprovechamiento como herramienta de desarrollo personal y social.

Resolución de conflictos

Conjunto de estrategias educativas que permiten abordar y solucionar desacuerdos entre iguales de forma pacífica, respetuosa y dialogada.

Tiempo libre escolar

Espacios no lectivos (comedor, recreo, actividades extraescolares, salidas) dentro del ámbito educativo, susceptibles de intervención pedagógica por parte del monitor.

Tiempo libre

Periodo no ocupado por obligaciones escolares o familiares, durante el cual los niños y niñas pueden dedicarse a actividades voluntarias como el juego, el descanso o la exploración creativa.

Turismo escolar

Experiencia educativa que implica el desplazamiento organizado de escolares con fines culturales, medioambientales o sociales, bajo supervisión pedagógica.

Ejercicios de autoevaluación

1. ¿Cuál de los siguientes elementos define el tiempo libre escolar?

   a. Actividades exclusivamente deportivas.

   b. Horario fuera del calendario académico.

   c. Asistencia obligatoria al aula.

   d. Espacios no lectivos dentro del entorno escolar.

2. ¿Qué distingue al ocio del tiempo libre?

   a. El ocio es una forma cualitativa del tiempo libre.

   b. El ocio es obligatorio y el tiempo libre voluntario.

   c. El ocio solo se da en adultos.

   d. El tiempo libre siempre implica ocio.

3. ¿Cuál de las siguientes actividades tiene un valor pedagógico dentro del tiempo libre escolar?

   a. Ver televisión sin guía.

   b. Taller de expresión artística con reflexión grupal.

   c. Juego libre sin supervisión.

   d. Uso libre del móvil.

4. ¿Qué principio caracteriza al ocio educativo?

   a. Imposición de normas estrictas.

   b. Repetición de contenidos curriculares.

   c. Participación voluntaria y activa.

   d. Exclusividad de actividades individuales.

5. ¿Qué tipo de actividad fomenta el trabajo en equipo en el tiempo libre?

   a. Lectura individual en silencio.

   b. Juego cooperativo con retos en grupo.

   c. Taller de redacción.

   d. Evaluación individual por rúbrica.

6. ¿Qué recurso puede considerarse natural en una actividad al aire libre?

   a. Piedras y hojas del entorno.

   b. Dados de colores.

   c. Pelotas hinchables.

   d. Cartulinas decoradas.

7. ¿Cuál es una función del turismo escolar?

   a. Realizar compras de recuerdos.

   b. Visitar lugares de entretenimiento exclusivamente.

   c. Ampliar conocimientos mediante experiencias directas.

   d. Recompensar a los alumnos por su rendimiento académico.

8. ¿Qué actitud debe fomentar el monitor en el turismo escolar?

   a. Pasividad y observación.

   b. Rapidez en los desplazamientos.

   c. Participación consciente y respeto por el entorno.

   d. Competencia entre grupos.

9. La interpretación ambiental busca principalmente:

   a. Enseñar teoría científica avanzada.

   b. Conectar emocionalmente con el entorno natural.

   c. Memorizar tipos de árboles.

   d. Clasificar animales por especies.

10.¿Cuál de estos elementos es propio de la pedagogía del ocio?

    a. Actividades obligatorias con evaluación formal.

    b. Juegos dirigidos con sanciones.

    c. Disfrute consciente y aprendizaje vivencial.

    d. Exclusividad de actividades artísticas.

Aplicaciones prácticas

Aplicación práctica 1. Aplicación de la pedagogía del ocio a través del juego cooperativo

Unidad de aprendizaje 1: Fundamentos básicos de la actividad del/de la monitor/a

Míriam y Victoria acaban de incorporarse como monitoras a un campamento urbano para niños y niñas de entre 8 y 10 años. El primer día, observan que el grupo es muy diverso: hay niños muy tímidos que evitan participar, otros que acaparan la atención continuamente y un par de ellos que se frustran con facilidad cuando no ganan en los juegos.

El equipo de monitores ha acordado que el objetivo educativo principal de la semana será fomentar la cooperación y el respeto entre iguales a través del juego y la expresión creativa.

Míriam propone organizar una gymkhana con pruebas en equipo basadas en el respeto, mientras que Victoria sugiere una actividad de dramatización libre, en la que el grupo construya una historia conjunta con personajes y valores positivos.

Ambas tienen dudas sobre cuál es la mejor opción y cómo enfocarla desde una perspectiva educativa y didáctica. Te piden ayuda para que elijas una propuesta, la completes y argumentes tu decisión.

1. Selecciona una de las dos actividades y justifica tu elección desde un enfoque pedagógico.
2. Diseña brevemente la actividad elegida, incluyendo:
   o Objetivos educativos.
   o Contenidos.
   o Metodología y dinámica.

    o   Materiales necesarios.

    o   Evaluación prevista.

3. Señala dos aspectos psicológicos del grupo que deberían tenerse en cuenta al realizar la actividad.

4. Menciona al menos tres recursos comunicativos que debe emplear el monitor para asegurar un clima de respeto y participación durante la actividad.

Aplicación práctica 2. Intervención comunicativa ante conflictos

Unidad de aprendizaje 2: La psicología y su importancia para la actividad educativa del/de la monitor/a

Álvaro es monitor de un grupo mixto de niños y niñas de entre 6 y 10 años en una ludoteca de barrio. Un martes por la tarde organiza una serie de juegos cooperativos en el patio exterior. Todo empieza bien, pero a medida que avanza la actividad, surgen varios conflictos y situaciones difíciles:

- Sergio (6 años) se niega a participar. Se queda sentado solo, mirando hacia el suelo. Cuando Claudia se acerca, él no responde ni a las preguntas ni a las propuestas.
- Julia (9 años) quiere imponer las normas del juego a sus compañeros, elevando la voz. Uno de ellos, Luis (8 años), se enfada y la insulta.
- Daniela (10 años) se le acerca llorando porque dice que nadie le hace caso, aunque Álvaro observa que ha estado poco activa desde el inicio.

El grupo comienza a dispersarse y a perder el interés, generando desorganización.

1. **¿Qué técnica comunicativa sería más adecuada para acercarse a Sergio (6 años)?**

   a. Darle una orden directa para que se una al grupo.
   b. Sentarse a su lado, hablarle con calma y dejarle un momento si no responde.
   c. Ignorarlo para no interrumpir la dinámica.

Justifica tu elección de forma razonada, teniendo en cuenta su edad y desarrollo evolutivo.

2. ¿Cómo reconducirías la actitud de Julia (9 años) sin desautorizarla delante del grupo?

    a. Felicitar su iniciativa pero recordarle con asertividad que el juego es grupal y se deben consensuar las normas.

    b. Decirle que se está portando mal y separarla del grupo.

    c. Dejar que el grupo la ignore.

Justifica tu respuesta en base a habilidades comunicativas y a lo aprendido sobre la comunicación educativa.

3. ¿Qué puede estar ocurriendo con Daniela (10 años) y cómo deberías intervenir como parte del equipo de monitores?

    a. Nada importante, tal vez solo está cansada.

    b. Puede haber un sentimiento de exclusión o baja autoestima; sería útil hablar con ella en privado y observar su comportamiento más adelante.

    c. Dejar que se le pase el disgusto y enfocarse en el resto del grupo.

Justifica tu respuesta incluyendo aspectos emocionales y comunicativos adecuados al desarrollo infantil.

Aplicación práctica 3. Entorno comunitario y sus variables territorial-ambientales, sociales y económico-productivas

Unidad de aprendizaje 3: Contexto sociológico de la actividad educativa del/de la monitor/a

Lucía es monitora de tiempo libre en un pequeño municipio industrial del norte de España, con alta presencia de población inmigrante y un creciente número de menores que participan en actividades extraescolares organizadas por el ayuntamiento. Las actividades se desarrollan en un centro cultural situado entre fábricas y zonas de viviendas sociales, con pocos espacios verdes. Muchos de los niños y niñas vienen de familias con bajos ingresos y trabajan en el campo o en fábricas de conservas. Algunos apenas conocen otras zonas del pueblo o sus alrededores.

Lucía quiere diseñar un proyecto de actividades de ocio participativo para estos menores. Para ello, se propone analizar el entorno comunitario, integrar la sociología del ocio y de la educación en sus decisiones y fomentar la participación activa de los chicos y chicas en el diseño del programa.

Ayuda a Lucía a completar la siguiente tabla de análisis previo y toma de decisiones. En cada fila debes:

- Identificar el tipo de variable o enfoque teórico que aplica (educativo, comunitario o participativo).
- Señalar una observación o problema detectado.
- Proponer una medida o actividad adecuada que el monitor/a podría aplicar.

Enfoque o variable clave	Observación detectada	Propuesta de intervención del monitor/a
Sociología de la educación	Diversidad cultural y desigualdad en el acceso a actividades	Talleres de juegos interculturales y cuaderno de bienvenida
Sociología del ocio	Pocas oportunidades de ocio gratuito	
Variable territorial-ambiental del entorno		Salidas a espacios naturales cercanos en transporte público
Variable económico-productiva	Familias con pocos recursos para actividades de pago	
Participación activa del grupo		Proponer una asamblea para que diseñen su propia gincana

Aplicación práctica 4. El menú escolar y la dietética

Unidad de aprendizaje 4: El proceso docente educativo

Marcos, monitor en el comedor de un centro de educación primaria, supervisa una mesa con varios niños de 7 años. Ese día está previsto que se sirva un menú con lentejas guisadas de primero, merluza al horno de segundo y yogur de postre.

Antes de comenzar el reparto, una alumna, Leire, le recuerda que no puede tomar pescado porque es alérgica. Al revisar el listado de dietas especiales, Marcos comprueba que no hay ninguna anotación sobre alergias a pescado en el caso de Leire. Además, la cocina le ha entregado una bandeja marcada sin gluten para otro niño, pero no aparece quién debe recibirla.

A la vez, observa que dos alumnos se niegan a comer las lentejas y empiezan a armar alboroto en su mesa, arrastrando a otros. La situación se descontrola, y varios niños empiezan a cambiar bandejas entre ellos "porque quieren más postre".

- ¿Qué medidas debe tomar Marcos de forma inmediata en esta situación?
- ¿Cómo puede prevenir que se repitan estos errores en el futuro?
- ¿Qué competencias como monitor/a debe poner en práctica para gestionar este escenario?
- Propón una pequeña actuación educativa que ayude a reforzar hábitos correctos en el grupo.

Aplicación práctica 5. Detección y respuesta ante señales de exclusión

Unidad de aprendizaje 4: El proceso docente educativo

Eres Sandra, monitora de comedor y tiempo libre en un colegio de primaria. Desde el inicio del curso, has comenzado a registrar algunas observaciones que te preocupan respecto al comportamiento de Joel, un alumno de 9 años. En tu cuaderno, has anotado lo siguiente:

- Lunes: Se sienta en la esquina de la mesa sin hablar. Termina rápido.
- Martes: Dos niños cambian de sitio para no estar a su lado.
- Miércoles: Se ofrece como voluntario para repartir vasos, pero nadie le ayuda.
- Jueves: Juega solo al fútbol mientras el resto organiza grupos.
- Viernes: Come en silencio. No responde cuando se le pregunta si todo va bien.

Has decidido elaborar un pequeño informe de intervención para valorar la situación y proponer medidas educativas que contribuyan a su integración.

Tu tarea como monitora consiste en redactar un breve informe respondiendo a los siguientes tres apartados:

1. Análisis de la situación:
   - Describe brevemente el patrón de comportamiento de Joel.
   - Indica qué elementos te hacen sospechar que puede haber un problema de inclusión social.

2. Propuesta de intervención educativa:
   - ¿Qué medidas puedes aplicar tú misma desde tu función como monitora sin invadir el ámbito docente?
   - ¿Con quién deberías coordinarte o comunicarte dentro del equipo escolar?

3. Diseña una actividad sencilla, adecuada al contexto del comedor o tiempo libre, que favorezca la participación de Joel sin señalarlo directamente.

Aplicación práctica 6. Errores frecuentes en la gestión educativa del tiempo libre escolar

Unidad de aprendizaje 5: Tiempo libre escolar y el equipo de monitores/as

En el colegio "Los Robles", un equipo de monitores ha comenzado a dinamizar el tiempo libre del mediodía con actividades variadas: juegos de mesa en interior, deportes organizados, talleres creativos y espacios de lectura.

Sin embargo, al cabo de las primeras semanas, la dirección detecta ciertas incoherencias pedagógicas y errores de gestión:

- Algunos niños se sienten excluidos porque no se les deja elegir la actividad.
- El material del rincón creativo desaparece con frecuencia.
- En el comedor, se castiga sin postre a quien no acaba la comida.
- En el juego cooperativo del patio, los monitores cambian constantemente las reglas según el grupo.

Señala al menos tres errores de gestión educativa presentes en este caso y explica por qué cada uno de esos errores contradice los principios de la pedagogía del ocio o del rol educativo del monitor.

Aplicación práctica 7. Gestión educativa de las actividades de comedor y tiempo libre

Unidad de aprendizaje 5: Tiempo libre escolar y el equipo de monitores/as

A continuación, se presentan cuatro situaciones reales que puede encontrar un monitor en su día a día. El alumnado debe vincular cada una con la respuesta educativa más adecuada entre varias opciones, y justificar brevemente su elección.

a. Dos alumnos pelean en el patio durante un juego por no estar de acuerdo en una regla.

b. Una niña no quiere participar en los juegos activos del grupo y se muestra retraída.

c. En el comedor, un grupo de niños grita y juega con la comida, interrumpiendo al resto.

d. Al finalizar una salida cultural, varios alumnos dicen que no han entendido nada de la visita.

Posibles respuestas pedagógicas:

1. Diseñar una dinámica previa que introduzca el tema de la visita de forma lúdica y adaptada a su nivel.

2. Hablar con ambos alumnos, analizar lo ocurrido y rediseñar juntos las normas de juego para todo el grupo.

3. Respetar su espacio, ofrecerle una alternativa tranquila y observar su evolución sin forzar la participación.

4. Organizar una asamblea posterior en el comedor para establecer, con participación del grupo, nuevas normas de convivencia.

Relaciona correctamente cada situación con una de las respuestas y justifica por qué es la opción más adecuada según los principios del tiempo libre educativo.

Ejercicio de evaluación final

1. ¿Cuál de estas es una técnica propia de la comunicación educativa?

    a. Reformular lo que el participante ha dicho para mostrar escucha.

    b. Usar órdenes tajantes.

    c. Interrumpir para dar instrucciones.

    d. Ignorar las emociones del grupo.

2. ¿Qué diferencia la pedagogía del tiempo libre de la enseñanza escolar tradicional?

    a. La ausencia de objetivos educativos.

    b. La rigidez metodológica.

    c. La utilización del juego como herramienta educativa.

    d. El uso de exámenes como método principal de evaluación.

3. ¿Qué característica debe tener la metodología aplicada por el monitor/a?

    a. Ser exclusivamente teórica.

    b. Ser participativa, flexible y adaptada al grupo.

    c. Ser siempre competitiva.

    d. Basarse en normas escolares.

4. ¿Qué se considera un recurso didáctico para el trabajo del monitor/a?

    a. Las calificaciones del curso.

    b. Una cuerda para una actividad cooperativa.

    c. El tiempo libre no estructurado.

    d. Las respuestas correctas de los alumnos.

5. ¿Cuál de las siguientes afirmaciones define mejor la educación?

a. Proceso limitado a la infancia.

b. Solo se produce en la escuela.

c. Requiere la presencia de un docente titulado.

d. Es un proceso permanente de desarrollo humano.

6. ¿Qué tipo de feedback debe dar el monitor/a para favorecer un buen clima educativo?

a. Correctivo y autoritario.

b. Positivo y constructivo.

c. Crítico y directo.

d. Impersonal y repetitivo.

7. ¿Qué habilidad comunicativa permite expresar ideas respetando al otro?

a. Ironía.

b. Timidez.

c. Asertividad.

d. Inhibición.

8. ¿Qué papel cumple el monitor en relación con el comportamiento del grupo?

a. Modelo de referencia y acompañamiento educativo.

b. Control policial del orden.

c. Observador imparcial sin intervención.

d. Coordinador logístico exclusivamente.

9. ¿Qué momento de la actividad es ideal para recoger opiniones y reflexionar?

    a. Antes de comenzar.

    b. Durante el desarrollo.

    c. Después de la actividad.

    d. En el recreo.

10. Una comunicación afectiva genera:

    a. Estrés y tensión en el grupo.

    b. Disciplina basada en el miedo.

    c. Confianza y seguridad en el entorno educativo.

    d. Ambigüedad en las normas.

11. ¿Qué se recomienda hacer durante un conflicto entre dos niños/as?

    a. Castigar sin escuchar.

    b. Escuchar a ambas partes y mediar.

    c. Evitar intervenir.

    d. Decidir sin explicar.

12. ¿Cuál de las siguientes es una función de la comunicación educativa?

    a. Individualizar la enseñanza únicamente.

    b. Motivar al grupo hacia la participación.

    c. Restringir el tiempo libre.

    d. Sustituir la labor del docente.

13.¿Qué característica define la participación compartida?

    a. Los participantes organizan todo sin guía.

    b. Las decisiones se toman en conjunto con el monitor/a.

    c. El monitor impone el programa.

    d. El grupo escucha y acata.

14.¿Qué herramienta participativa permite visualizar gráficamente las valoraciones del grupo?

    a. Cuaderno de seguimiento.

    b. Diana de evaluación.

    c. Ensayo individual.

    d. Diario de clase.

15.¿Qué derecho garantiza la participación infantil?

    a. Convención sobre los Derechos del Niño.

    b. Ley General de Educación.

    c. Código de Buenas Prácticas del Ocio.

    d. Constitución Europea.

16.¿Qué nivel de participación implica que el grupo toma decisiones por sí solo?

    a. Consultiva.

    b. Activa.

    c. Autogestión.

    d. Dirigida.

17. ¿Qué tipo de variable se refiere a la cohesión vecinal y los estilos de vida?

a. Ambiental.

b. Productiva.

c. Social.

d. Física.

18. ¿Qué función tiene el monitor/a según la sociología de la educación?

a. Controlar la disciplina grupal.

b. Actuar como agente educativo en contextos sociales diversos.

c. Evaluar únicamente los contenidos curriculares.

d. Transmitir normas escolares formales.

19. ¿Qué alimento debe ofrecerse diariamente en el menú escolar?

a. Fruta fresca.

b. Fritos.

c. Carne roja.

d. Bollería casera.

20. ¿Cuál de los siguientes nutrientes es un macronutriente?

a. Hierro.

b. Vitamina D.

c. Proteínas.

d. Calcio.

21. ¿Qué función cumplen los alimentos "reguladores"?

a. Aportar calorías.

b. Favorecer procesos metabólicos.

c. Formar tejidos.

d. Generar grasa corporal.

22.¿Qué aspecto del menú escolar debe conocer siempre el monitor/a?

a. El proveedor del aceite.

b. Las dietas especiales del alumnado.

c. El nombre del cocinero.

d. El número exacto de calorías.

23.¿Qué temperatura debe tener un alimento caliente al servirse, según higiene alimentaria?

a. 45 °C.

b. 50 °C.

c. Cualquier temperatura si no ha pasado 1 hora.

d. Más de 65 °C.

24.¿Qué debe hacer un/a monitor/a al detectar que un alimento tiene mal olor o aspecto?

a. Servirlo solo si los niños lo piden.

b. Avisar al cocinero, pero servirlo.

c. No servirlo y comunicar la incidencia inmediatamente.

d. Guardarlo para el siguiente turno.

25.¿Qué función tiene el/la monitor/a durante el tiempo de comedor?

a. Acompañar, educar en hábitos saludables y fomentar la convivencia.

b. Corregir tareas escolares.

c. Organizar las actividades del profesorado.

d. Vigilar el silencio absoluto.

26.¿Cuál es una competencia profesional del monitor/a de tiempo libre?

a. Realizar diagnósticos médicos.

b. Dinamizar grupos mediante actividades lúdico-educativas.

c. Redactar informes administrativos.

d. Evaluar exámenes.

27.Una gestión educativa eficaz del tiempo libre implica:

a. Dejar que los niños/as se autorregulen sin supervisión.

b. Repetir siempre las mismas actividades.

c. Planificar con objetivos claros y adaptar la intervención al grupo.

d. Priorizar actividades sedentarias.

28.¿Qué objetivo tiene una estrategia educativa en el comedor escolar?

a. Acelerar el servicio de comida.

b. Reducir costes de supervisión.

c. Limitar el tiempo de ocio.

d. Favorecer la autonomía y la convivencia durante la comida.

29.¿Qué actitud define al monitor/a como referente educativo?

a. Distancia emocional con el grupo.

b. Coherencia, escucha activa y acompañamiento cercano.

c. Control estricto y corrección permanente.

d. Neutralidad y ausencia de implicación.

30.¿Qué tipo de recurso es una cuerda utilizada para un juego grupal?

a. Recurso material lúdico.

b. Recurso digital.

c. Recurso humano.

d. Recurso teórico.

Solucionario

U. A. 1. Fundamentos básicos de la actividad del/de la monitor/a

1. b	**6.** d
2. a	**7.** b
3. a	**8.** c
4. b	**9.** b
5. c	**10.** d

U. A. 2. La psicología y su importancia para la actividad educativa del/de la monitor/a

1. a	**6.** a
2. d	**7.** b
3. c	**8.** c
4. c	**9.** d
5. c	**10.** b

U. A. 3. Contexto sociológico de la actividad educativa del/de la monitor/a

1. c	**6.** b
2. b	**7.** b
3. c	**8.** b
4. b	**9.** c
5. b	**10.** c

U. A. 4. El proceso docente educativo

1. a	**6.** b
2. c	**7.** c
3. c	**8.** b
4. b	**9.** b
5. d	**10.** a

U. A. 5. Tiempo libre escolar y el equipo de monitores/as

1. d	**6.** a
2. a	**7.** c
3. b	**8.** c
4. c	**9.** b
5. b	**10.** c

Bibliografía

Legislación

Ley 26/2015, de 28 de julio, de modificación del sistema de protección a la infancia y a la adolescencia

Ley Orgánica 1/1996, de 15 de enero, de Protección Jurídica del Menor, de modificación parcial del Código Civil y de la Ley de Enjuiciamiento Civil.

Ley Orgánica 3/2020, de 29 de diciembre, por la que se modifica la Ley Orgánica 2/2006, de 3 de mayo, de Educación.

Webgrafía

Características principales de un monitor de ocio y tiempo libre
https://www.fppro.es/blog/caracteristicas-de-un-monitor-de-ocio-y-tiempo-libre/

Cómo ayudar a los niños: recomendaciones para los padres y otros cuidadores
https://www.niddk.nih.gov/health-information/informacion-de-la-salud/control-de-peso/alimentacion-saludable-actividad-fisica-vida/ayudar-ninos

¿Cuáles son las funciones del monitor escolar en el comedor?
https://www.rededuca.net/blog/educacion-y-docencia/funciones-monitor-escolar-comedor

Cualidades de un buen monitor de ocio y tiempo libre
https://eduma.com/noticias/cualidades-buen-monitor-ocio-tiempo-libre/

Dinámicas de grupo: ejemplos útiles para la educación infantil
https://formainfancia.com/dinamicas-de-grupo-ejemplos/

Educación no formal: mucho más que ocio y diversión

https://www.universidadviu.com/es/actualidad/nuestros-expertos/ocio-y-tiempo-libre-mucho-mas-que-diversion

Educar para trasformar, pedagogía del ocio

https://escuelamentora.com/educar-para-trasformar-pedagogia-del-ocio/

La importancia de la educación en el tiempo libre

https://coordinadora.org.es/la-importancia-de-la-educacion-en-el-tiempo-libre-curso-de-coordinador-a/

La importancia de la educación en el tiempo libre

https://escoles.fundesplai.org/es/blog-es/educacion-en-el-tiempo-libre/la-importancia-de-la-educacion-en-el-tiempo-libre/

La teoría del aprendizaje de Bruner vs Piaget y Vygotsky

https://www.psicoactiva.com/blog/la-teoria-del-aprendizaje-bruner-vs-piaget-vygotsky/